Öffentliches
Auftragswesen

Public
Procurement

Handbuch der Internationalen Rechts- und Verwaltungssprache

Herausgeber
Internationales Institut
für Rechts- und
Verwaltungssprache

Deutsch/Englisch

Manual of International Legal and Administrative Terminology

Editor
International Institute
for Legal and
Administrative Terminology

German/English

Carl Heymanns Verlag KG · Köln · Berlin · Bonn · München

Öffentliches Auftragswesen

Public Procurement

Deutsch/Englisch

German/English

Carl Heymanns Verlag KG · Köln · Berlin · Bonn · München

Dieser Band wurde von der nachstehenden Kommission des Internationalen Instituts für Rechts- und Verwaltungssprache erarbeitet:

Vorsitzende:
Ingelore Seidel   Dr. jur., Regierungsdirektorin,
                                Bundesministerium für Wirtschaft, Bonn

Armin Berthold   Dr. jur., Professor, Ministerialrat a. D., Finanz-
                                ministerium Baden-Württemberg, Stuttgart

Alan Stark   B. Sc., Dip. Commerce, M.Inst.P.S., A.C.I.S.,
                                Procurement Manager, Central Electricity
                                Generating Board, Gloucester

Schlußredaktion: Ständiges Sekretariat
                                Internationales Institut für Rechts- und
                                Verwaltungssprache
                                Postanschrift:
                                Fehrbelliner Platz 2,
                                D - 1000 Berlin 31
                                Tel.: (030) 867 4162/4165

Abgeschlossen im Januar 1988

CIP-Titelaufnahme der Deutschen Bibliothek

Handbuch der internationalen Rechts- und Verwaltungssprache/Hrsg. Internat. Inst. für Rechts- u. Verwaltungssprache. – Köln; Berlin; Bonn; München: Heymann.
   Teilw. mit Parallelt.: Manual of international legal and administrative terminology. Manuel de terminologie juridique et administrative internationale. Manual de terminologia internacional juridica y administrativa. Manuale di terminologia internazionale giuridica ed amministrativa. –

NE: Internationales Institut für Rechts- und Verwaltungssprache (Berlin, West); 1. PT; 2. PT; 3. PT; 4. PT

Öffentliches Auftragswesen.
Deutsch/Englisch/(erarb.: Ingelore Seidel...). – 1990
ISBN 3-452-21850-3
NE: Seidel, Ingelore (Mitverf.)

©3-452-21850-3
Gedruckt im Druckhaus Bayreuth
Imprimé en Allemagne

This volume was compiled by the following commission of the International Institute for Legal and Administrative Terminology:

Chairperson:
Ingelore Seidel   Dr. jur., Regierungsdirektorin, Bundesministerium für Wirtschaft, Bonn

Armin Berthold   Dr. jur., Professor, Ministerialrat a. D., Finanzministerium Baden-Württemberg, Stuttgart

Alan Stark   B. Sc., Dip. Commerce, M.Inst.P.S., A.C.I.S., Procurement Manager, Central Electricity Generating Board, Gloucester

Final editing: Permanent Secretariat
                                   International Institute for Legal and Administrative Terminology
                                   Postal address:
                                   Fehrbelliner Platz 2,
                                   D-1000 Berlin 31
                                   Tel.: (030) 867 4162/4165

Completed in January 1988

CIP-Titelaufnahme der Deutschen Bibliothek

Handbuch der internationalen Rechts- und Verwaltungssprache/Hrsg. Internat. Inst. für Rechts- u. Verwaltungssprache. – Köln; Berlin; Bonn; München: Heymann.
   Teilw. mit Parallelt.: Manual of international legal and administrative terminology. Manuel de terminologie juridique et administrative internationale. Manual de terminologia internacional juridica y administrativa. Manuale di terminologia internazionale giuridica ed amministrativa. –
   NE: Internationales Institut für Rechts- und Verwaltungssprache (Berlin, West); 1. PT; 2. PT; 3. PT; 4. PT

Öffentliches Auftragswesen.
Deutsch/Englisch/(erarb.: Ingelore Seidel...). – 1990
ISBN 3-452-21850-3
NE: Seidel, Ingelore (Mitverf.)

©3-452-21850-3
Gedruckt im Druckhaus Bayreuth
Imprimé en Allemagne

Inhaltsverzeichnis

	Seite
Vorbemerkungen	10
Quellenhinweis	14
Abkürzungen	21

Einleitung
1. Das öffentliche Auftragswesen in der Bundesrepublik Deutschland ... 24
   1.1 Begriff ... 24
   1.2 Auswirkungen von EWG- und GATT-Vorschriften auf das nationale öffentliche Auftragswesen ... 24
   1.3 Vergabe öffentlicher Aufträge ... 32
   1.4 Öffentlich-rechtliche Preisvorschriften ... 54
   1.5 Streitigkeiten ... 56
2. Öffentliches Auftragswesen im Vereinigten Königreich Großbritannien und Nordirland (Vereinigtes Königreich) ... 58
   2.1 Begriffe ... 58
   2.2 EWG-Richtlinien und GATT-Übereinkommen für die Liberalisierung der Vergabe von öffentlichen Aufträgen und für die Koordinierung der Verfahren ... 60
   2.3 Vergabe öffentlicher Aufträge ... 60
   2.4 Preisbildung bei öffentlichen Aufträgen ... 100
   2.5 Streitigkeiten ... 108

Wortgut
3. Begriffe des öffentlichen Auftragswesens ... 112
   3.0 Allgemeine Begriffe (Nrn. 1–38) ... 112
   3.1 Vorschriften, Vergabeprogramme, Mustervertragsbedingungen, Technische Normen (Nrn. 39–103) ... 115
   3.2 Behörden und Institutionen (Nrn. 104–150) ... 123
   3.3 Wirtschaftsverbände (Nrn. 151–174) ... 128
   3.4 Begriffe und Grundsätze der Vergabe öffentlicher Aufträge (Nrn. 175–253) ... 130
   3.5 Vergabearten, Vergabeverfahren (Nrn. 254–286) ... 137
   3.6 Leistungsbeschreibung und sonstige Vertragsunterlagen (Nrn. 287–305) ... 140
   3.7 Teilnehmer am Wettbewerb (Nrn. 306–327) ... 145
   3.8 Angebotsverfahren (Nrn. 328–342) ... 147
   3.9 Vertrags- und Preistypen (Nrn. 343–362) ... 149
   3.10 Preisermittlungsgrundlagen (Nrn. 363–375) ... 151
   3.11 Öffentlich-rechtliche Preisvorschriften (Nrn. 376–381) ... 152
   3.12 Angebotsprüfung (Nrn. 382–389) ... 153
   3.13 Angebotswertung, Zuschlag, Aufhebung der Ausschreibung (Nrn. 390–405) ... 154
   3.14 Ausführung, Abnahme (Nrn. 406–458) ... 155
   3.15 Abrechnung, Zahlung (Nrn. 459–473) ... 159
   3.16 Sicherheitsleistung, Gewährleistung, Vertragsverletzung (Nrn. 474–509) ... 161

Contents

	Page
Foreword	11
Legal Sources and Bibliography	18
Abbreviations	21

Introduction
1. Public Procurement in the Federal Republic of Germany 25
   1.1 Basic Concept 25
   1.2 Effect of the EEC Directives and GATT Agreement on National Public Procurement 25
   1.3 Award of Public Contracts 33
   1.4 Public Law Pricing Regulations 55
   1.5 Disputes 57
2. Public Procurement in the United Kingdom of Great Britain and Northern Ireland (United Kingdom) 59
   2.1 Basic Concept 59
   2.2 EEC Directives and GATT Agreement for Liberalizing the Award of Contracts and Co-ordination of Procedures 61
   2.3 Award of Public Contracts 61
   2.4 Pricing of Public Contracts 101
   2.5 Disputes 109

Vocabulary
3. Terms of Public Procurement 112
   3.0 General Terms (Nos. 1–38) 112
   3.1 Laws, Regulations, Programmes for the Award of Contracts, General Conditions of Contract, Technical Standards (Nos. 39–103) 115
   3.2 Public Authorities and Institutions (Nos. 104–150) 123
   3.3 Industrial or Trade Organizations (Nos. 151–174) 128
   3.4 Terms and Principles governing the Award of Public Contracts (Nos. 175–253) ... 130
   3.5 Methods of Awarding Contracts, Awarding Procedures (Nos. 254–286) 137
   3.6 Specifications and other Elements of Contract (Nos. 287–305) 140
   3.7 Participants (Nos. 306–327) 145
   3.8 Tendering Procedure (Nos. 328–342) 147
   3.9 Types of Contract and Price (Nos. 343–362) 149
   3.10 Price Elements (Nos. 363–375) 151
   3.11 Public Law Pricing Regulations (Nos. 376–381) 152
   3.12 Examination of Tenders (Nos. 382–389) 153
   3.13 Tender Assessment, Contract Award, Decision not to Award a Contract (Nos. 390–405) 154
   3.14 Performance of Contract, Acceptance (Nos. 406–458) 155
   3.15 Invoicing, Payment (Nos. 459–473) 159
   3.16 Provision of Security, Warranty, Breach of Contract (Nos. 474–509) 161

Alphabetischer Index Deutsch 165
Alphabetischer Index Englisch 175

Alphabetical Index German 165
Alphabetical Index English 175

Vorbemerkung

1. Der Gedanke, ein Handbuch der internationalen Rechts- und Verwaltungssprache zu schaffen, ist aus einem praktischen Bedürfnis entstanden. Immer größer wird die Zahl der Fachleute, die in fremder Sprache verhandeln müssen, ausländische Besucher zu betreuen haben oder für internationale Aufgaben im In- und Ausland tätig sind. Dafür ist außer der Allgemeinsprache die Kenntnis der entsprechenden Fachausdrücke und Rechtsinstitutionen des Auslands unerläßlich.

In den zwei- oder mehrsprachigen Wörterbüchern der Allgemeinsprache und der Fachsprachen erscheint das Wortgut meist alphabetisch. Die Bände des Handbuchs sind dagegen nach Sachgebieten geordnet; neben Übersetzungen bieten sie auch Definitionen, Erläuterungen und sachgebietsgebundene Redewendungen, die in anderen Wörterbüchern nicht in dieser Ausführlichkeit verzeichnet werden können.

Das Handbuch soll alle Fachgebiete umfassen, auf die sich der internationale Rechts- und Verwaltungsverkehr erstreckt. Es erscheint in Einzelbänden, die eine Auswahl der wichtigsten Begriffe und Benennungen des behandelten Sachgebiets enthalten. Der Benutzer hat daher mit den Bänden des Handbuchs die Möglichkeit, sich über das einschlägige Fachwortgut kurzfristig zu unterrichten.

Das Internationale Institut für Rechts- und Verwaltungssprache hofft, durch seine Veröffentlichungen die Kenntnis der verschiedenen Rechts- und Verwaltungssysteme zu vertiefen und damit zur besseren Verständigung unter den Völkern beizutragen.

2. Das Wortgut wird einheitlich aufgeführt, und zwar links Deutsch, rechts Englisch.

a) Begriffe und Benennungen, die in beiden Sprachen inhaltsgleich sind, werden mit = gekennzeichnet.
b) Begriffe und Benennungen, die in der anderen Sprache mit einem ähnlichen Begriff wiedergegeben werden können, werden mit ± gekennzeichnet.
c) Begriffe und Benennungen, für die es in der anderen Sprache keine Entsprechungen gibt, werden in der Mitte der betreffenden Spalte mit ≠ gekennzeichnet. Übersetzungsvorschläge und – in Klammern – Erklärungen werden darunter gesetzt.
d) Begriffe und Benennungen, die sich innerhalb der gleichen Wortstelle wiederholen, werden durch eine Tilde (~) gekennzeichnet.

3. Die Erklärungen werden auf ein Mindestmaß beschränkt. Sie haben **nicht** die Aufgabe, einzelne Rechtsinstitutionen zu beschreiben, sondern sollen lediglich terminologische Aufklärung geben.

4. Die Ausführungen in diesem Band beziehen sich ausschließlich auf das in der Bundesrepublik Deutschland und im Vereinigten Königreich Großbritannien und Nordirland geltende Recht.

Foreword

1. The idea of producing a manual of international legal and administrative terms arose from a practical need. The number of specialists who have to conduct negotiations in a foreign language, who have to look after foreign visitors, or who are engaged in international business both in their own country and abroad, is continually increasing. Such persons need to know not only the everyday language of the foreign country, but also the technical terms and the legal institutions of that country.

Bilingual and multilingual dictionairies, whether general or specialized, are normally arranged alphabetically. The volumes of the Manual are, in contrast, arranged according to subject matter. In addition to translations, they will also contain definitions, explanations and technical terms which are not covered in the same detail in other dictionaries.

The Manual is to cover all the specialized fields with which international legal and administrative relations are concerned. It will appear in separate volumes, each one of which will contain the most important concepts and terms in a particular field. The user of the volumes of the Manual will thus be able to acquaint himself quickly with the necessary technical vocabulary.

It is the hope of the International Institute for Legal and Administrative Terminology that its publications will deepen the knowledge of different legal and administrative systems and will thereby contribute to a better understanding between nations.

2. The vocabulary is uniformly arranged, with German on the left and English on the right.
a) Concepts and terms which are synonymous in the two languages are indicated by the sign $=$.
b) Concepts and terms which can be translated into the other language by a comparable or similar expression are indicated by the sign $\pm$.
c) Concepts and terms for which there are no equivalents in the other language are indicated in the middle of the column by the sign $\neq$. Translations proposed and – in brackets – explanations are placed underneath.
d) Concepts and terms which are repeated under the same word entry are indicated by the sign $\sim$.

3. Explanations have been kept to a minimum. They are **not** intended to describe the individual legal institution, but are merely to provide terminological clarification.

4. This volume has been compiled with reference only to the law valid in the Federal Republic of Germany and in the United Kingdom of Great Britain and Northern Ireland.

5. Einzelne Begriffe und Benennungen dieses Bandes werden in anderen Bänden des Handbuchs der Internationalen Rechts- und Verwaltungssprache möglicherweise anders übersetzt. Solche Unterschiede ergeben sich aus der Natur der behandelten Sachgebiete.

5. Certain concepts and terms in this edition might be translated differently in other volumes of the Manual of International Legal and Administrative Terminology. These differences are a result of the material itself in the various specialist fields being examined.

Quellenhinweis

Internationale/supranationale Vorschriften
Vorschriften der EWG
1. Lieferungen
Richtlinie der Kommission vom 17. Dezember 1969 über die Lieferungen von Waren an den Staat, seine Gebietskörperschaften und die sonstigen juristischen Personen des öffentlichen Rechts (70/32/EWG) – Liberalisierungsrichtlinie öffentliche Lieferaufträge – Amtsblatt der EG Nr. L 13/1 vom 19. Januar 1970

Richtlinie des Rates vom 21. Dezember 1976 über die Koordinierung der Verfahren zur Vergabe öffentlicher Lieferaufträge (77/62 EWG) – Koordinierungsrichtlinie öffentliche Lieferaufträge –
Amtsblatt der EG Nr. L 13/1 vom 15. Januar 1977

Richtlinie des Rates vom 22. Juli 1980 zur Anpassung und Ergänzung der Richtlinie 77/62 EWG über die Koordinierung der Verfahren zur Vergabe öffentlicher Lieferaufträge hinsichtlich bestimmter öffentlicher Auftraggeber (80/767/EWG) – EWG/GATT-Gleichstellungsrichtlinie –
Amtsblatt der EG Nr. L 215/1 vom 18. August 1980

2. Bauleistungen
Richtlinie des Rates vom 26. Juli 1971 zur Aufhebung der Beschränkungen des freien Dienstleistungsverkehrs auf dem Gebiet der öffentlichen Bauaufträge und bei öffentlichen Bauaufträgen, die an die Auftragnehmer über ihre Agenturen oder Zweigniederlassungen vergeben werden (71/304/EWG) – Liberalisierungsrichtlinie öffentliche Bauaufträge –
Amtsblatt der EG Nr. L 185/1 vom 16. August 1971

Richtlinie des Rates vom 26. Juli 1971 über die Koordinierung der Verfahren zur Vergabe öffentlicher Bauaufträge (71/305/EWG) in der Fassung der Änderungsrichtlinie vom 2. August 1978 (78/669/EWG) – Koordinierungsrichtlinie öffentliche Bauaufträge –
Amtsblatt der EG Nr. L 185/5 vom 16. August 1971
Amtsblatt der EG Nr. L 225/41 vom 16. August 1978

Erklärung der im Rat vereinigten Vertreter der Regierungen der Mitgliedstaaten über die Verfahren, die in bezug auf die Konzessionen für Bauarbeiten einzuhalten sind – Ratsbeschluß über Konzessionsvergaben –
Amtsblatt der EG Nr. C 82/13 vom 16. August 1971

Richtlinie des Rates vom 26. Juli 1972 über die Einzelheiten und Bedingungen für die Veröffentlichung der Bekanntmachungen von öffentlichen Bauaufträgen und Konzessionen für öffentliche Bauarbeiten im Amtsblatt der Europäischen Gemeinschaften (72/277/EWG) –

Bekanntmachungsrichtlinie öffentliche Bauaufträge –
Amtsblatt Nr. L 176/12 vom 3. August 1972

3. Lieferungen und Bauleistungen
Beschluß des Rates vom 26. Juli 1971 zur Einsetzung eines Beratenden Ausschusses für öffentliche Aufträge (71/306/EWG) in der Fassung des Änderungsbeschlusses des Rates vom 21. Dezember 1976 (77/63/EWG) –
Amtsblatt der EG Nr. L 185/15 vom 16. August 1971
Amtsblatt der EG Nr. L 13/15 vom 15. Januar 1977
 Periodische Bekanntmachungen der Kommission der EG über den Gegenwert der Europäischen Rechnungseinheit für die öffentlichen Bauaufträge, die unter die Bestimmungen der Richtlinie 71/305/EWG des Rates vom 26. Juli 1971, geändert durch die Richtlinie 78/669/EWG des Rates vom 2. August 1978, fallen, sowie für die öffentlichen Lieferaufträge, die unter die Bestimmungen der Richtlinie 77/62/EWG des Rates vom 21. Dezember 1976, geändert durch die Richtlinie 80/767/EWG des Rates vom 22. Juli 1980, fallen –
Amtsblatt der EG Nr. C 307/2 vom 21. November 1983
zuletzt Amtsblatt der EG Nr. C 320/2 vom 28. November 1985

Vorschriften des GATT
Übereinkommen über das öffentliche Beschaffungswesen vom 30. Juni 1979 – GATT-Kodex Regierungskäufe – in Verbindung mit dem Beschluß des Rates der EG vom 10. Dezember 1979 über den Abschluß der multilateralen Übereinkommen, die im Zuge der Handelsverhandlungen von 1973 – 1979 ausgehandelt wurden (80/271/EWG) –
Amtsblatt der EG Nr. L 71/3 vom 17. März 1980

Innerstaatliche Vorschriften

1. Haushaltsgesetzliche Vorschriften

1.1 Gesetz über die Grundsätze des Haushaltsrechts des Bundes (Haushaltsgrundsätzegesetz – HGrG) vom 19. August 1969
Bundesgesetzblatt I S. 1273
 1.2 Bundeshaushaltsordnung (BHO) vom 19. August 1969
Bundesgesetzblatt I S. 1284
 1.3 Haushaltsordnungen der Bundesländer
 1.4 Gemeindehaushaltsverordnungen

2. Vergabevorschriften

2.1 Lieferungen und Leistungen – ausgenommen Bauleistungen
Verdingungsordnung für Leistungen – ausgenommen Bauleistungen – (VOL)
Teil A – Ausgabe 1984 in der Neufassung vom 16. August 1984
Teil B – Ausgabe 1960 in der Fassung der Änderung vom 18. Februar 1975
Beilage zum Bundesanzeiger Nr. 190 vom 6. Oktober 1984

Richtlinien der Bundesregierung zur angemessenen Beteiligung kleiner und mittlerer Unternehmen in Handwerk, Handel und Industrie bei der Vergabe öffentlicher Aufträge nach der Verdingungsordnung für Leistungen – ausgenommen Bauleistungen – (VOL) vom 1. Juni 1976 – Beilage zum Bundesanzeiger Nr. 111 vom 16. Juni 1976

2.2 Bauleistungen
Verdingungsordnung für Bauleistungen (VOB)
Teile A und B – Ausgabe 1979
Beilage zum Bundesanzeiger Nr. 216 vom 16. November 1973
                Bundesanzeiger Nr. 217 vom 16. November 1976
                Bundesanzeiger Nr. 208 vom 6. November 1979
Teil C – Ausgabe 1979 (Technische Normen)
herausgegeben vom DIN Deutsches Institut für Normung
Beuth-Verlag GmbH

Vergabehandbuch für die Durchführung von Bauaufgaben des Bundes im Zuständigkeitsbereich der Finanzbauverwaltungen – VHB – (Zusammenfassung der für das Vergabewesen einschlägigen Richtlinien, Weisungen, Verdingungsmuster, Formblätter)

Periodische Bekanntmachungen des Bundesministers für Wirtschaft zur Feststellung des Schwellenwertes für die im Amtsblatt der EG nach Maßgabe der EG-Koordinierungsrichtlinien bekanntzugebenden öffentlichen Bau- und Lieferaufträge sowie der nach Maßgabe des GATT-Kodex bekanntzugebenden öffentlichen Lieferaufträge – Bundesanzeiger Nr. 237 vom 19. Dezember 1973, zuletzt Bundesanzeiger Nr. 239 vom 24. Dezember 1985

2.3 Lieferungen und Leistungen – einschließlich Bauleistungen
Richtlinien der Bundesregierung für die bevorzugte Berücksichtigung von Personen und Unternehmen aus dem Zonenrandgebiet und aus dem Land Berlin bei der Vergabe öffentlicher Aufträge vom 11. August 1975 in der Fassung der Änderungsbekanntmachung vom 26. Februar 1981 –
Bundesanzeiger Nr. 152 vom 20. August 1975
Bundesanzeiger Nr. 76 vom 23. April 1981

Richtlinien der Bundesregierung für die Berücksichtigung bevorzugter Bewerber bei der Vergabe öffentlicher Aufträge (Vertriebene, Sowjetzonenflüchtlinge, Verfolgte, Evakuierte, Werkstätten für Behinderte und Blindenwerkstätten) vom 11. August 1975 in der Fassung der Änderungsbekanntmachung vom 5. August 1981 –
Bundesanzeiger Nr. 152 vom 20. August 1975
Bundesanzeiger Nr. 156 vom 25. August 1981

3. Preisvorschriften für öffentliche Aufträge

3.1 Lieferungen und Leistungen – ausgenommen Bauleistungen
Verordnung PR Nr. 30/53 über die Preise bei öffentlichen Aufträgen vom 21. November 1953 in der Fassung der Verordnungen PR Nr. 14/54 vom 23. Dezember 1954, PR 8/61 vom 9. November 1961, PR Nr. 7/67

vom 12. Dezember 1967, PR Nr. 1/86 vom 15. April 1986 –
Bundesanzeiger Nr. 244 vom 18. Dezember 1953
　　　　　　　　Nr. 250 vom 29. Dezember 1954
　　　　　　　　Nr. 223 vom 18. November 1961
　　　　　　　　Nr. 237 vom 19. Dezember 1967
　　　　　　　　Nr. 76 vom 23. April 1986

3.2 Bauleistungen
Verordnung PR Nr. 1/72 über die Preise für Bauleistungen bei öffentlichen oder mit öffentlichen Mitteln finanzierten Aufträgen vom 6. März 1972 in der Fassung der Verordnungen Nr. 1/84 vom 23. Februar 1984 und Nr. PR 1/86 vom 15. April 1986 –
Bundesgesetzblatt I S. 293
Bundesanzeiger Nr. 50 vom 10. März 1984
Bundesanzeiger Nr. 76 vom 23. April 1986

Legal Sources and Bibliography

The Placing and Management of Contracts for Building and Civil Engineering Works (Banwell Report) – HMSO 1964.

Contracting in Civil Engineering since Banwell (Harris Report), HMSO 1968.

Civil Engineering Procedure – 1970 reprint – Published by the Institution of Civil Engineers.

Large Construction Sites – NEDO Report 1970 – HMSO.

C1020, December 1972 – General Conditions of Contract for Mechanical and Electrical Services and Plant, issued by the Property Services Agency (PSA).

Local Government Act 1972 – HMSO.

The Public Client and the Construction Industry (Wood Report), Building and Civil Engineering EDC 1975 – HMSO.

GC/Works/1, Edition 2, September 1977 – General Conditions of Government Contracts for Building and Civil Engineering Works – HMSO.

Code of Procedure for Single Stage Selective Tendering 1977, NJCC – Published by RIBA Publications Limited.

GC/Stores/1, Edition April 1979 – Standard Conditions of Government Contracts for Stores Purchases.

R & D for Public Purchasing – HMSO, February 1980.

Standards, Quality and International Competitiveness, Cmnd 8621 – HMSO 1982.

Code of Procedures for Two-Stage Selective Tendering 1983, NJCC – Published by RIBA Publications Limited.

Delivering the Goods – Department of Industry, 1983.

Government Contracts Preference Schemes – Department of Trade and Industry, Revised Edition, 1983.

Model Standing Orders – Contracts (3rd Edition) DOE – HMSO, 1983.

Value for Money in Defence Equipment Procurement – DOC 83/01, October 1983 – HMSO.

Government Contract and Purchasing Procedures – HMSO, December, 1984.

Government Contracts – Colin Turpin, Penguin Books Limited.

Guidance on the Preparation, Submission and Consideration of Tenders for Civil Engineering Contracts – Published by the Institution of Civil Engineers.

ICE Conditions of Contract (5th Edition), Published by the Institution of Civil Engineers.

JCT Standard Form of Building Contract (Local Authorities Edition) with quantities – Published by RIBA Publications Limited.

JCT Standard Form of Building Contract (Local Authorities Edition) without quantities – Published by RIBA Publications Limited.

Model Form of General Conditions of Contract, Home Contracts – with Erection (Model Form A) – Published by the Institution of Electrical Engineers.

Addresses

HMSO,
PO Box 276,
London SW8 5DT

DOE
St. Christopher House,
Southwark Street,
London SE1

Institution of Civil Engineers,
Great George Street,
Westminster,
London SW1P 3AA

Institution of Electrical Engineers,
Savoy Place,
London WC2R OBL

Property Service Agency,
Whitgift Centre,
Wellesley Road,
Croydon,
Surrey CR9 3LY

RIBA Publications Limited,
66 Portland Place,
London W1N 4AD

Abkürzungen/Abbreviations

ACE	Association of Consulting Engineers
Amtsbl.	Amtsblatt
ATV	Allgemeine Technische Vorschriften für Bauleistungen
BAI	Bundesverband der Architekten und Ingenieure
BDA	Bund Deutscher Architekten
BDB	Bund Deutscher Baumeister, Architekten und Ingenieure
BDJ	Bundesverband der Deutschen Industrie e.V.
BEAMA	Federation of British Electrotechnical and Allied Manufacturers' Associations
BHO	Bundeshaushaltsordnung
Bundesgesetzbl.	Bundesgesetzblatt
bzw.	beziehungsweise
C	(General) Conditions (of Government Contracts)
CBI	Confederation of British Industry
CEI	Commission Electrotechnique Internationale
CEN	Comité Européen de Coordination des Normes – Europäisches Komitee für Normung
CENELEC	Comité Européen de Normalisation Electrotechnique – Europäisches Komitee für elektrotechnische Normung
Cmnd	Command Paper
CPU	Central Purchasing Unit
DIHT	Deutscher Industrie- und Handelstag
DIN	Deutsches Institut für Normung
DM	Deutsche Mark
Doc	document
DOE	Department of the Environment
DVA	Deutscher Verdingungsausschuß für Bauleistungen
DVAL	Deutscher Verdingungsausschuß für Leistungen – ausgenommen Bauleistungen
EC	European Communities
ECU	European Currency Unit / Unités de compte européennes
EDC	Economic Development Committee
EEC	European Economic Community
EG	Europäische Gemeinschaften
e.g.	exempli gratia / for example
EIC	European International Contractors
EUAs	European Units of Account
e.V.	eingetragener Verein
EWG	Europäische Wirtschaftsgemeinschaft

f.	femininum/weiblich
FCEC	Federation of Civil Engineering Contractors
ff.	folgende
FIEC	Fédération Internationale Européenne de Construction
fpl.	femininum pluralis / weiblich Mehrzahl
GATT	General Agreement on Tariffs and Trade
GC	General Conditions (of Government Contracts)
ggf.	gegebenenfalls
HGrG	Haushaltsgrundsätzegesetz
HMSO	His/Her Majesty's Stationery Office
HvBi	Hauptverband der Deutschen Bauindustrie
ICE	Institution of Civil Engineers
i. e.	id est / that is
IEC	International Electrotechnical Commission
IEE	Institution of Electrical Engineers
IMechE	Institution of Mechanical Engineers
IPS	Institute of Purchasing and Supply
ISO	International Standard Organization
JCT	Joint Contracts Tribunal
LAA	Local Authorities' Association
LSP	Leitsätze für die Preisermittlung aufgrund von Selbstkosten
m.	masculinum / männlich
Mio	Million
mpl.	masculinum pluralis / männlich Mehrzahl
MOD	Ministry of Defence
n.	neutrum / sächlich
NEDO	National Economic Development Office
NFBTE	National Federation of Building Trades Employers and Federation of Building Specialist Contractors
NJCC	National Joint Consultative Committee
npl.	neutrum pluralis / sächlich Mehrzahl
No.	Number
Nr.	Nummer
o. a.	oben angeführt
PSA	Property Services Agency
R & D	Research and Development
RIBA	Royal Institute of British Architects
RICS	Royal Institute of Chartered Surveyors

S.	Seite; Section
s.	siehe
tp.	translation proposed
u.	und
UK	United Kingdom of Great Britain and Northern Ireland
u. U.	unter Umständen
Üv.	Übersetzungsvorschlag
VAT	Value Added Tax
VFA	Vereinigung Freischaffender Architekten Deutschlands
vgl.	vergleiche
VBI	Verband Beratender Ingenieure
VHB	Vergabehandbuch für die Durchführung von Bauaufgaben des Bundes im Zuständigkeitsbereich der Finanzbauverwaltungen
VO	Verordnung
VOB	Verdingungsordnung für Bauleistungen – Teile A, B und C
VOL	Verdingungsordnung für Leistungen – ausgenommen Bauleistungen
VUBI	Verband unabhängig beratender Ingenieurfirmen
z. B.	zum Beispiel
ZDB	Zentralverband des Deutschen Baugewerbes
ZDH	Zentralverband des Deutschen Handwerks
ZTV	Zusätzliche Technische Vorschriften für Bauleistungen
§	Paragraph
£	pound sterling / Pfund Sterling
%	Prozent / per cent

1. Das öffentliche Auftragswesen in der Bundesrepublik Deutschland

1.1 Begriff

Unter einem «öffentlichen Auftrag» versteht man einen Vertrag zwischen einer juristischen Person des öffentlichen Rechts (Bund, Land, Gemeinde, Körperschaft, Anstalt und Stiftung des öffentlichen Rechts) und einer natürlichen oder juristischen Person des Privatrechts, der zum Inhalt hat, daß die juristische Person des öffentlichen Rechts gegen Entgelt Sachen erwirbt oder andere Leistungen (z. B. Werkleistungen) empfängt.

Ein öffentlicher Auftrag liegt also nicht vor, wenn die öffentliche Hand in der Form einer juristischen Person des Privatrechts handelt, z. b. wenn Versorgungsunternehmen für Wasser oder Energie in der Rechtsform einer Aktiengesellschaft (AG) oder einer Gesellschaft mit beschränkter Haftung (GmbH) einkaufen. Das schließt allerdings nicht aus, daß sie die Vorschriften für die Vergabe öffentlicher Aufträge anwenden, denn der Verwaltungsträger kann die Anwendung der Vergabevorschriften verlangen.

Öffentliche Aufträge sind Verträge des bürgerlichen Rechts; sie unterliegen allerdings gewissen öffentlich-rechtlichen Preisvorschriften.

1.2 Auswirkungen von EWG- und GATT-Vorschriften auf das nationale öffentliche Auftragswesen
– Liberalisierung der Auftragsvergabe und Koordinierung der Vergabeverfahren durch die betreffenden EWG- und GATT-Vorschriften

Wesentliche Vorschriften, die die öffentlichen Auftraggeber in den Mitgliedstaaten bei der Vergabe von öffentlichen Aufträgen über Lieferungen und Bauleistungen beachten müssen, beruhen auf den im Quellenhinweis aufgeführten EWG-Richtlinien. Die Richtlinien sind im Interesse eines EG-weiten Wettbewerbs bei öffentlichen Aufträgen erlassen worden.

Bestimmte öffentliche Auftraggeber unterliegen darüber hinaus zusätzlich den Bestimmungen des GATT-Kodex für Regierungskäufe.

Liberalisierungsrichtlinien der EWG

Durch die Liberalisierungsrichtlinien werden alle Vorschriften und Verwaltungspraktiken verboten, die Unternehmer aus den anderen Mitgliedstaaten daran hindern, Lieferungen und Bauleistungen unter den gleichen Bedingungen und mit den gleichen Rechten wie Inländer zu erbringen.

Koordinierungsrichtlinien der EWG

Die Koordinierungsrichtlinien schreiben vor, daß die öffentlichen Auftraggeber der Mitgliedstaaten Aufträge von einer bestimmten Größenordnung an im Amtsblatt der EG, Teil S (*Supplement*) bekanntgeben müssen. Es bestehen gewisse Ausnahmen: Von der Anwendung der Richtlinien sind die öffentlichen Verkehrsträger (z. B. die Eisenbahnen),

1. Public Procurement in the Federal Republic of Germany

1.1 Basic Concept

A "public contract" is any contract between a public law entity, (Federation, *Land*, Local Government, Public Corporation, Institution or Foundation) and a natural person or private law entity, whereby in return for payment the public law entity acquires goods or receives services (e. g. performance of work).

A public contract does not arise when a public sector entity trades in the form of a legal person under private law, e. g. purchases by public utilities for water or energy having the legal form of a public limited company or a private company with limited liability. This does not, however, exclude them from applying the regulations for the award of public contracts, as the administrative authority can demand the application of the contract award regulations.

Public contracts are contracts under civil law; they are, however, subject under public law to certain pricing regulations.

1.2 Effect of the EEC Directives and GATT Agreement on National Public Procurement
   – Relevant EEC Directives and GATT Agreement for Liberalizing the Award of Contracts and Co-ordination of Procedures

Important provisions, which must be observed by public authorities in the EC Member States awarding contracts for supplies or construction works (referred to below as contracting authorities), are contained in the EEC directives listed in the bibliography. These directives were issued in order to open up competition for public contracts to all parts of the EC.

In addition certain contracting authorities are subject to the provisions of the GATT Code on Government Purchases.

EEC Liberalization Directives

The liberalization directives forbid all regulations and administrative practices which prevent contractors from other Member States from providing supplies or construction works under the same conditions and with the same rights as domestic contractors.

EEC Co-ordination Directives

The co-ordination directives require contracting authorities in the Member States to give notice in the EC Official Journal Part S (supplement) of all contracts above a certain value. There are certain exceptions to these requirements; the directives still do not in general apply to public transport undertakings (e. g. the railways), to the public sector en-

die öffentlichen Versorgungsbetriebe für Wasser und Energie sowie die im Fernmeldebereich tätigen Einrichtungen (abgesehen von dem durch die EG-Fernmeldeempfehlung vom Oktober 1984 erfaßten relativ geringen Teil des Auftragsvolumens) noch generell ausgenommen. Ferner brauchen Aufträge unter besonderen, in den Richtlinien enumerativ aufgeführten Voraussetzungen nicht im Amtsblatt der EG bekanntgemacht zu werden (z. B. bei besonderer Dringlichkeit, bei Geheimschutz-Interesse).

Der Schwellenwert für die Bekanntgabe öffentlicher Aufträge im Amtsblatt der EG beträgt 200.000 Europäische Rechnungseinheiten (*ECU*) für Lieferaufträge und 1 Mio *ECU* für Bauaufträge (ohne Mehrwertsteuer). Der Gegenwert einer *ECU* in Landeswährung wird für die im Amtsblatt der EG bekanntzugebenden Aufträge von der Kommission der EG jeweils für zwei Jahre festgesetzt und im Amtsblatt veröffentlicht; er bewegt sich seit einigen Jahren zwischen 2,00 DM und 3,00 DM bzw. zwischen £ 0,50 und £ 0,60.

Die Bekanntmachungen werden grundsätzlich in allen Sprachen der Gemeinschaft veröffentlicht, im beschleunigten Verfahren jedoch nur in der Sprache des Auftraggebers. Für die Bekanntmachung sehen die Richtlinien das **offene** Verfahren und das **nichtoffene** Verfahren vor. Das nichtoffene Verfahren wird in zwei Stufen durchgeführt. In der ersten fordert die Verwaltung öffentlich dazu auf, einen Antrag auf Teilnahme am Wettbewerb zu stellen; in der zweiten findet die Beschränkte Ausschreibung statt. Dem offenen Verfahren entspricht die Öffentliche Ausschreibung des deutschen Vergabeverfahrens, dem nichtoffenen Verfahren die Beschränkte Ausschreibung mit öffentlichem Teilnahmewettbewerb.

Die Bekanntmachungen müssen im Interesse der Bestimmtheit der Leistungen einen in den Richtlinien im einzelnen festgelegten Mindestinhalt haben; bestimmte Mindestfristen für die einzelnen Abschnitte des Vergabeverfahrens muß der öffentliche Auftraggeber einhalten (21 Tage für den Antrag auf Teilnahme am Wettbewerb, 36 Tage für die Einreichung des Angebots im offenen Verfahren, 21 Tage im nichtoffenen Verfahren).

GATT-Kodex Regierungskäufe

Sondervorschriften gelten aufgrund des im Quellenhinweis aufgeführten GATT-Kodex Regierungskäufe für **bestimmte Beschaffungen bestimmter öffentlicher Auftraggeber.** Der GATT-Kodex Regierungskäufe, der ebenso wie die EWG-Richtlinien über das öffentliche Auftragswesen das Ziel der Öffnung der Märkte verfolgt, enthält zum Teil für Bieter aus Drittländern günstigere Bedingungen als sie im Bereich der EG in der Koordinierungsrichtlinie öffentliche Lieferaufträge für Bieter aus den EG-Ländern vorgesehen sind. Durch die im Quellenhinweis aufgeführte EWG/GATT-Gleichstellungs-Richtlinie sind die Mitgliedstaaten der EG verpflichtet, Bietern aus den EG-Mitgliedstaaten dieselben Vergünstigungen zu gewähren wie sie sie den Bietern aus den anderen Signatarstaaten aufgrund des GATT-Kodex Regierungskäufe gewähren müssen.

Die Verpflichtungen aus dem GATT-Kodex in Verbindung mit der EWG/GATT-Gleichstellungs-Richtlinie treffen nur zentrale, im Kodex namentlich aufgeführte Beschaffungsstellen. In der Bundesrepublik Deutschland sind dies die Bundesministerien und im Vereinigten Königreich Großbritannien und Nordirland die Ministerien und bestimmte zentrale Körperschaften. Diese Stellen müssen beim Kauf von Waren nicht mi-

tities providing water and energy or to those in the field of telecommunications apart from the relatively small element of contracting covered by the EC Telecommunications recommendation of October 1984. In addition, contracts subject to special conditions enumerated in the directives need not be advertised in the EC Official Journal (e. g. where there is exceptional urgency or where security considerations apply).

The value (exclusive of value added tax) above which public contracts must be notified in the EC's Official Journal is 200,000 European Units of Account (EUAs) for supply contracts and one million EUAs for works contracts. The equivalent of an EUA in each national currency is, for this purpose, established by the EC Commission at two yearly intervals and published in the Official Journal: for several years it has fluctuated between 2,00 DM and 3,00 DM, or between UK £0.50 and £0.60.

The notices are published in all the languages of the Community, except where the accelerated procedure applies in which case only the language of the country of the contracting authority is used. The directives contain two forms for the notice; the **open** or **restricted** (i. e. selective) procedure. The restricted procedure is carried out in two stages: firstly the contracting authority invites applications from those wishing to participate, selective tendering then follows as the second stage. The open procedure corresponds to the German public tendering procedure, the restricted procedure to selective tendering with open invitation to participate.

To ensure certainty as to the goods or services to be provided the notices must have a minimum content detailed in the directives. The contracting authority must also observe certain minimum periods for the individueal sections of the tendering procedure (21 days for applications to participate, 36 days for submission of a tender under the open procedure or 21 days under the restricted procedure).

GATT Code —Government Purchases

Certain purchases by certain contracting authorities are subject to special regulations based on the GATT Code-Government Purchases – referred to in the bibliography. This Code, which like the EEC directives on public contracts has as its object the opening up of markets, contains conditions for tenderers from third countries which are, in part, more favourable than those laid down for EEC tenderers in the co-ordination directive for public supply contracts. Under the Council's EEC/GATT parity of treatment directive, mentioned in the bibliography, the EC Member States are obliged to grant to tenderers from within the EC the same concessions that they must allow tenderers from the other signatory states under the GATT Code-Government Purchases.

The obligations of the GATT Code in connection with the EEC/GATT Harmonization Directive are only applicable to those central procurement agencies specifically named in the Code. In the Federal Republic of Germany the federal ministries are so covered, and in the United Kingdom of Great Britain and Northern Ireland the ministries and certain central authorities. In making their purchases (of non-military products

litärischer Art nach Maßgabe einer Liste zum Kodex bestimmte Vorschriften beachten, deren wesentliche folgende sind: Die Aufträge müssen von einem gegenüber dem EG-Schwellenwert etwas geringeren, jährlich von der EG-Kommission nach Maßgabe der EWG/GATT-Gleichstellungsrichtlinie festzusetzenden Schwellenwert an im Amtsblatt der EG publiziert werden. Die vom GATT-Kodex vorgesehenen, derzeit laufenden Neuverhandlungen zielen auf eine Ausweitung des Kodex ab (insbesondere Einbeziehung von Dienstleistungen und Erweiterung des Kreises der Anwendungsverpflichteten durch Einbeziehung der Bundesländer bzw. entsprechenden Verwaltungsebenen in den anderen Mitgliedstaaten).

Die Mindestfrist für die Einreichung der Angebote ist nach dem GATT-Kodex länger als nach den EWG-Richtlinien (sechs bis neun Tage je nach Verfahren). Im nichtoffenen Verfahren ist auch den Unternehmen, die Teilnahmeanträge gestellt haben, aber nicht zur Angebotsabgabe aufgefordert worden sind, die Möglichkeit zu gewähren, ein Angebot abzugeben, sofern ihr finanzielles, wirtschaftliches und technisches Leistungsvermögen auch nach Ablauf der Angebotsfrist rechtzeitig geprüft werden kann.

Ein wichtiger Unterschied zu den nationalen und EG-Vergabevorschriften besteht darin, daß die Bieter vergleichsweise weitgehende Informationsrechte haben: Die Vergabestellen müssen einem Bieter auf Ersuchen ihre Beschaffungsverfahren und Praktiken erläutern. Dem Bieter ist auf Antrag innerhalb kürzester Zeit mitzuteilen, warum er nicht zur Angebotsabgabe aufgefordert bzw. zugelassen wurde, bzw. warum sein Angebot nicht berücksichtigt wurde und wer den Zuschlag erhalten hat. Die Regierung des erfolglosen Bieters kann zusätzliche Auskünfte über die Zuschlagserteilung einholen.

Beschluß über Konzessionen für Bauarbeiten

Die Regelungen, die in der EG-Ratserklärung über **Konzessionen für Bauarbeiten** (vgl. Quellenhinweis unter 2) enthalten sind, werden von manchen Ländern vor allem beim Bau von Autobahnen angewandt. Für die öffentlichen Auftraggeber in der Bundesrepublik Deutschland haben die Regelungen keine erhebliche Bedeutung, da der Beschluß ein Verfahren regelt, das in der Bundesrepublik Deutschland wenig angewandt wird. Entsprechendes gilt bislang für das Vereinigte Königreich. Die britische Regierung zeigt jedoch für zukünftige Vergaben im Bereich des Brückenbaus, des Verkehrs und des Flughafenbaus nennenswertes Interesse an der Anwendung des Verfahrens der Konzessionsvergabe. Das Projekt Ärmelkanaltunnel wird (gemeinsam von Großbritannien und Frankreich) bereits in Form der Konzessionsvergabe durchgeführt. Für die an Auslandsaufträgen interessierten Bereiche der Wirtschaft sind die Regelungen der Konzessionsvergabe von erheblichem Interesse.

Über die Erteilung von Konzessionen hat die Erklärung des Rates der EG folgendes festgelegt:
1. Die Behörde, die eine Konzession vergeben will, muß ihre Absicht im Amtsblatt der EG bekanntmachen, wenn der voraussichtliche Gesamtbetrag der Baukosten mindestens 1 Mio *ECU* beträgt. Die Mitteilung muß den Gegenstand der Konzession ausreichend genau beschreiben, um den Unternehmern eine Kostenschätzung zu ermöglichen, sie muß ferner die vom Rat der EG festgelegten Angaben enthalten.

listed in an annex to the Code) these entities must observe certain requirements, the following being the more significant. Each proposed purchase must be advertised in the EC Official Journal if it exceeds a value, slightly lower than the EC threshold value, which is fixed annually by the EC Commission in accordance with the EEC/GATT Party Directive. The new negotiations provided for in the GATT Code, and currently in progress, are aimed at extending the Code, (in particular by the inclusion of services and expansion of the scope of obligatory use through the inclusion of *Laender* and the corresponding administrative levels in the other EC Member States).

The minimum period for submitting tenders is longer under the GATT Code than under the EEC Directives (six to nine days dependent upon method). In the restricted procedure those firms which have applied to participate, but have not been called upon to submit tenders, must be given the opportunity to tender provided their financial, commercial and technical qualifications can be checked before the tendering period expires.

An important difference from national and EC contract award procedures is that tenderers have comparatively extensive rights to information; on request the contracting authority must explain to them its procurement procedures and practices. A tenderer on request must be promptly informed why he has not been invited or allowed to tender, or why his tender has not been considered, and who has been awarded the contract. The unsuccessful tenderer's government can obtain additional information about the award of the contract.

Ruling on Public Works Concessions

The arrangements contained in the EC Council declaration on **public works concessions** (cf. Bibliography under 2) are applied by some states, mostly for motorway construction. For public authorities in the Federal Republic of Germany the directives have no practical significance as the ruling governs a procedure little used in the Federal Republic of Germany.

The same situation has applied to date in the United Kingdom. The United Kingdom Government is, however, now showing considerable interest in the use of concessions for bridge building, transport and airport schemes. The Anglo-French channel tunnel project is being carried out under such a concession. The concession arrangements are of practical interest to commercial organizations interested in export orders.

The Council declaration has established the following arrangements for the granting of concessions:
1. The public authority intending to grant a concession must publish its intention in the EC Official Journal if total building costs are expected to amount to at least one million EUAs. The description of the concession given in the notice must be sufficient to enable contractors to estimate the costs; it must also contain the details as laid down by the Council of the EC.

2. Die konzessionserteilende Behörde muß den Konzessionär verpflichten, Dritten Aufträge in einem Umfang zu erteilen, der mindestens 30% des Gesamtwertes der Bauarbeiten ausmacht, die Gegenstand der Konzession sind. Diese Unteraufträge müssen ab 1 Mio *ECU* im Amtsblatt der EG veröffentlicht werden.
3. Die Bekanntmachung über die Vergabe von Unteraufträgen hat den Zweck, eine genaue Bewertung der durchzuführenden Bauarbeiten und der zu erfüllenden Bedingungen zu ermöglichen. Die Bekanntmachungen müssen einen Mindestinhalt haben, wie er vom Rat in der Erklärung festgesetzt ist, und müssen u. a. die Zuschlagskriterien und die Ausführungsfrist angeben.

Künftige Entwicklung

Änderungsvorschläge der Kommission, die dem Ziele dienen, die bislang nicht befriedigende grenzüberschreitende Vergabe öffentlicher Aufträge, insbesondere im Baubereich, zu verbessern, sehen u. a. eine stärkere Einbeziehung der Konzessionäre in die Richtlinien vor, ferner eine Vorabinformation der Bieter über Vergabevorhaben im Planungsstadium, eine ex-post-Transparenz auch bei Bauaufträgen, außerdem im Interesse der Verwaltungsvereinfachung und der Beschleunigung der Veröffentlichung der Aufträge eine Heraufsetzung des Schwellenwertes und eine Bekanntgabe im Amtsblatt der EG nur noch in der Sprache des öffentlichen Auftraggebers. Inwieweit die Vorschläge der Kommission von den Mitgliedstaaten als künftige Regelungen akzeptiert werden, bleibt abzuwarten.

Beratender Ausschuß für öffentliche Aufträge

Der Beratende Ausschuß für öffentliche Aufträge bei der Kommission der EG, der sich aus Vertretern der Verwaltungen der Mitgliedstaaten und der Kommission zusammensetzt, prüft sowohl allgemeine Fragen im Zusammenhang mit der Anwendung von EWG-Vergabevorschriften als auch auf Antrag eines Mitgliedstaates oder auf Veranlassung der Kommission konkrete Beschwerdefälle wegen Nichteinhaltung der einschlägigen EWG-Bestimmungen.

– Umsetzung der EWG- und GATT-Regelungen in nationales Recht

Die Umsetzung der EWG-Vorschriften über die Liberalisierung der Vergabe öffentlicher Aufträge sowie über die Koordinierung der Verfahren zur Vergabe öffentlicher Aufträge in **nationale Vergabevorschriften** ist in der Weise geschehen, daß die EWG-Bestimmungen in die VOL und VOB (vgl. unter 1.3) integriert worden sind.

Der EWG/GATT-Gleichstellungsrichtlinie zur Anwendung des GATT-Kodex wird durch einheitliche Durchführungsbestimmungen Rechnung getragen, die bei den vom GATT-Kodex betroffenen öffentlichen Auftraggebern als Dienstanweisung eingeführt sind.

2. The public authority granting the concession must require the concessionaire to place with third parties sub-contracts amounting to at least 30 per cent of the total value of the building work forming the subject of the concession. Any such subcontract which amounts to one million EUAs or more must be advertised in the EC Official Journal.
3. The notice of the letting of subcontracts is intended to enable an exact assessment of the building work to be made and the conditions to be fulfilled. The notice must as a minimum contain the information required by the Council declaration and must specify inter alia the criteria on which contracts will be awarded and the time allowed for their performance.

Future Developments

Future proposals of the Commission, which have the object of improving the as yet unsatisfactory position of contract awards across the national borders, especially in the construction field, provide for, amongst other things, a firmer inclusion of concessions in the Directives, publication of preliminary information about intentions for contract awards which are at the planning stage, "ex-post transparency" also for works contracts, moreover, in the interest of simplifying administration and accelerating the publication of contracts, an increased threshold value and notification in the EC Journal only in the language of the contracting authority. How far the proposals of the Commission will be accepted by the Member States remains to be seen.

Advisory Committee for Public Contracts

The EC Commission's Advisory Committee for Public Contracts, composed of representatives from the administrations of the Member States and of the Commission, examines general questions of the application of the EEC Directives for the award of public contracts and, on application by a Member State or at the Commission's instigation, also looks into specific complaints regarding non-observance of the pertinent EEC provisions.

– Incorporation of the EEC and GATT Regulations into National Law

The EEC provisions governing the liberalization of the award of public contracts and the co-ordination of contract award procedures have been incorporated in the **national regulations for awarding contracts** by integrating them in the *VOL* and *VOB* (see 1.3).

Account is taken of the EEC/GATT parity of treatment directive on the application of the GATT Code in standard implementing regulations, which have been introduced as an official instruction by the public authorities affected by the GATT Code.

1.3 Vergabe öffentlicher Aufträge

Das öffentliche Auftragswesen hat schon aufgrund des Vergabevolumens der öffentlichen Hand von etwa 10% des Bruttosozialprodukts in der Bundesrepublik Deutschland (EG-weit ca. 15%) eine erhebliche wirtschaftspolitische Bedeutung. Nach dem ordnungspolitischen Grundverständnis der Bundesregierung dient die Vergabe öffentlicher Aufträge einer wettbewerbsneutralen wirtschaftlichen Bedarfsdeckung der öffentlichen Hand. Unter gesamtwirtschaftlichen Aspekten ist es allerdings zulässig, die Vergabe öffentlicher Aufträge als Mittel der Konjunktursteuerung einzusetzen. Zur Verfolgung einzelner politischer Ziele (z. B. Sozialpolitik, Strukturpolitik, Arbeitsmarktpolitik, Ausbildungsförderungspolitik, Frauenförderungspolitik) soll sie prinzipiell nicht dienen. Eine derartige Ausrichtung würde – abgesehen von der Verteuerung der Bedarfsdeckung – zu einem Zielkonflikt führen. Die jeweilige Priorität wäre von wechselnden politischen Einflüssen abhängig. Der Grundsatz der wettbewerbsneutralen Vergabe öffentlicher Aufträge ist in der Bundesrepublik Deutschland nur relativiert durch die aus übergeordneten politischen Gesichtspunkten beschlossenen Richtlinien zur bevorzugten Berücksichtigung von Unternehmen aus dem Grenzgebiet zur DDR und aus Berlin sowie bestimmter besonders benachteiligter Personengruppen.

– **Anzuwendende Bestimmungen**

Die maßgebenden Vorschriften für die Vergabe öffentlicher Aufträge sind die

– **Verdingungsordnung für Leistungen (ausgenommen Bauleistungen) – VOL**

– **Verdingungsordnung für Bauleistungen – VOB**

Die Verdingungsordnungen werden von sogenannten Verdingungsausschüssen erarbeitet, die sich aus Vertretern der öffentlichen Hand (Bund, Länder, Gemeinden) sowie der Verbände der Wirtschaft – und hinsichtlich der VOL auch der Gewerkschaften – zusammensetzen. Die Zuständigkeit für den Deutschen Verdingungsausschuß für Leistungen – ausgenommen Bauleistungen – (DVAL) liegt beim Bundesministerium für Wirtschaft, die Zuständigkeit für den Deutschen Verdingungsausschuß für Bauleistungen (DVA) beim Bundesminister für Raumordnung, Bauwesen und Städtebau. Die von den Verdingungsausschüssen beschlossenen Verdingungsordnungen werden jeweils durch Erlaß der einzelnen Vergabebehörden von Bund, Länder und Gemeinden für ihren Geschäftsbereich als Verwaltungsanweisung eingeführt. Die verschiedenen Teile der VOB sind auch als DIN-Normen veröffentlicht.

Rechtlich sind die VOL und VOB Ausführungsvorschriften zu den haushaltsgesetzlichen Vorschriften für Bund, Länder und Gemeinden (Haushaltsgrundsätzegesetz, Bundeshaushaltsordnung, Haushaltsordnungen der Länder, Gemeindehaushaltsverordnungen). Sie tragen den Prinzipien der marktwirtschaftlichen Ordnung und den Grundsätzen der vorgenannten Gesetze Rechnung, wonach
– die Ausgabe von Haushaltsmitteln unter dem Prinzip der Wirtschaftlichkeit und Sparsamkeit steht,
– bei Abschluß von Verträgen nach einheitlichen Richtlinien zu verfahren ist,

1.3 Award of Public Contracts

Public contracts already amount to some 10% of the gross national product of the Federal Republic of Germany (in comparison, EC-wide around 15 %) and for this reason are of considerable importance in the formulation of economic policy. The Federal Government's basic regulatory policy approach to public contracts is to economically meet the public sector's needs in a way that guarantees undistorted competition. However, from an overall point of view it is permissible in economic policy to use the award of public contracts as a macroeconomic management tool, but not for instance as an instrument to pursue individual objectives relating to e. g. social, structural, employment, training, or sex equality purposes. Any such policy orientation would result in a conflict of objectives, apart from increasing the cost of meeting the public sector's requirements. The actual priority afforded to any of those objectives would be exposed to changing political influence. The principle of awarding public contracts in a way which guarantees undistorted competition has only been restricted in the Federal Republic of Germany by the guidelines, adopted for overall political considerations, which accord priority treatment to firms domiciled in the border area with the GDR and in Berlin as well as to certain especially disadvantaged groups of persons.

– **Applicable Provisions**

The authoritative regulations for the award of public contracts are the

– **Code for Awarding Public Services Contracts – exluding Public Works Contracts –** (*VOL*)

– **Code for Awarding Public Works Contracts –** (*VOB*)

The Codes are drawn up by Committees composed of representatives from the public authorities (Federation, *Laender*, local government authorities), the trade associations, and, in the case of *VOL*, the trade unions. Responsibility for the German Contract Committee for Public Services (excluding Public Works) – (*DVAL*) rests with the Federal Ministry of Economics, while the Federal Minister for Regional Planning, Building and Urban Development is responsible for the German Contract Committee for Public Works – (*DVA*). The Codes established by the Committees are introduced as administrative instructions within their respective areas of responsibility by decree of the individual contract awarding authorities in the Federation and Laender and of the local authorities. The various parts of the *VOB* are also published as *DIN* Standards.

Legally the *VOL* and *VOB* are regulations implementing the general legislation to which Federal, *Land* and local authority budgets are subject (Law on Budgetary Principles, Federal Budget Code, *Land* Budget Codes, Budget Codes for Local Authorities). They take account of the free market system and of the principles of this legislation in that:
– the expenditure of budget funds is subject to the principles of effectiveness, efficiency and economy;
– the award of contracts operates under uniform guidelines;

- dem Abschluß von Verträgen über Lieferungen, Leistungen und Bauleistungen eine öffentliche Ausschreibung vorausgehen muß, sofern nicht die Natur des Geschäftes oder besondere Umstände eine Ausnahme rechtfertigen.

Neben der VOL und der VOB müssen die öffentlichen Auftraggeber bestimmte Richtlinien beachten, nämlich
- Richtlinien für die bevorzugte Berücksichtigung von Personen und Unternehmen aus dem Grenzgebiet zur DDR und aus Berlin,
- Richtlinien für die bevorzugte Berücksichtigung von bestimmten Gruppen von Personen und Unternehmen (z. B. Vertriebene, Werkstätten für Behinderte und Blindenwerkstätten),
- Richtlinien zur angemessenen Beteiligung kleiner und mittlerer Unternehmen (Mittelstandsrichtlinien).

Nach den beiden erstgenannten Richtlinien sollen die durch die Richtlinien Begünstigten den Zuschlag auch erhalten, wenn ihr Angebot das wirtschaftlichste bzw. annehmbarste Angebot geringfügig überschreitet. Als geringfügige Überschreitung gilt ein Mehrpreis, der zwischen 6% und 0,5% (degressiv abhängig von der Auftragshöhe) über dem günstigsten Angebot liegt.

Die letztgenannten Richtlinien, d. h. die für den VOL-Bereich erlassenen Mittelstandsrichtlinien des Bundes, lassen eine Zahlung von Mehrpreisen nicht zu; die Begünstigten haben vielmehr, wenn sie nicht das wirtschaftlichste Angebot abgegeben haben, lediglich die Möglichkeit, bei einem in Lose geteilten Auftrag hinsichtlich eines Teils in das wirtschaftlichste Angebot einzutreten. In den Bundesländern gibt es Mittelstandsregelungen, die zum Teil auch für den VOB-Bereich gelten und insgesamt etwas abweichende Bestimmungen enthalten.

Für die Anwendung der VOB sind eine Vielzahl praxisorientierter Hinweise ergangen. Zu nennen sind hier insbesondere die vom Bundesminister für Verkehr erlassenen Richtlinien sowie das vom Bundesminister für Raumordnung, Bauwesen und Städtebau herausgegebene Vergabehandbuch für die Durchführung der Bauaufgaben des Bundes (VHB). Einige Bundesländer haben für ihre Vergabedienststellen (zum Teil auch für die der Gemeinden) eigene Vergabehandbücher für den Baubereich (manche auch für den Lieferbereich) herausgegeben, die der besonderen Verwaltungsstruktur von Ländern und Gemeinden Rechnung tragen.

– Grundzüge der VOL und VOB

Die **VOL** findet Anwendung für die Vergabe aller **Lieferungen und Leistungen**, die nicht unter die VOB fallen. VOL-Leistungen sind insbesondere die Lieferungen und Leistungen aufgrund von Kauf-, Werk- und Werklieferungsverträgen. Dagegen unterliegt den Vorschriften der VOL nicht die Erteilung von Aufträgen über Architekten- und Ingenieurleistungen.

Die **VOB** findet Anwendung für **Bauarbeiten** jeder Art mit oder ohne Lieferung von Stoffen oder Bauteilen. Die Lieferung von Baustoffen ohne Durchführung von Bauarbeiten und die Montage maschineller Einrichtungen sind keine Bauleistungen im Sinne der VOB.

- the award of contracts for supplies, services and construction works must be preceded by open tendering unless the nature of the business or special circumstances justify an exception to this.

In addition to observing the *VOL* and *VOB* contracting authorities must also observe certain directives, namely:
- instructions on the preferential treatment of persons and firms operating near the border zone with the GDR and in Berlin;
- instructions on the preferential treatment of particular groups of persons and firms (e. g. refugees, workshops for disabled persons and workshops for the blind);
- instructions for securing an adequate participation by small and medium-sized firms (Small and Medium-sized Firms' Directives).

Under the first two directives a tenderer entitled to benefit shall be awarded the contract even if his tender shows a slight excess over the lowest acceptable tender. A price excess is considered slight if it lies between 6% and 0,5% (in inverse ratio to the contract value) above the most favourable offer.

Federal directives applicable to the third directive above do not permit this procedure. Instead when the order is divided into parts, they give small firms which have not submitted the most economical offer the opportunity of obtaining one or more parts, provided they accept a price equal to the most economical offer. The corresponding regulations in the *Laender* are in part also valid in the *VOB* domain but contain on the whole somewhat different provisions.

An extensive collection of practical instructions on the application of the VOB have been published. To mention some, there are especially those issued by the Federal Minister of Transport, also those contained in the Contracts Handbook on Award of Federal Building Works Contracts (*VHB*) published by the Federal Minister for Regional Planning, Building and Urban Development. Some *Laender* have published for their contract offices (partly also for those of the local government) their own Contract Award Handbooks for construction works (some also for supplies), which take account of the particular administrative structure of the Laender and local government.

– **Main Features of the *VOL* and *VOB***

VOL applies to award of contracts for all **supplies and services** which do not fall under *VOB*, i. e. in particular for supplies and services based on contracts of sale, contracts for work and contracts for work and materials. Contracts with architects and engineers, on the other hand, are not subject to the provisions of *VOL*.

VOB applies to award of contracts for **construction works** of every kind, whether or not this is associated with the supply of materials or components. The delivery of construction materials without the performance of construction work and the erection of mechanical equipment are not construction works within the meaning of *VOB*.

Die VOL und die VOB haben jeweils einen Teil A und einen Teil B. Teil A regelt das vom öffentlichen Auftraggeber anzuwendende Vergabeverfahren bis zum Abschluß des Vertrages. Die EWG-Vorschriften sind bei der VOB in den Teil A integriert, bei der VOL dem Teil A als sogenannte a-Paragraphen angefügt. Die unterschiedliche Regelung zwischen VOB und VOL hat ihren Grund vor allem darin, daß die in der VOB geregelten Bauleistungen insgesamt von den EWG-Vorschriften erfaßt werden, während von den in der VOL geregelten Lieferungen und Leistungen nur ein Teilbereich, nämlich der Bereich der Lieferungen, erfaßt wird.

Teil B der Vergabeordnungen enthält die allgemeinen Vertragsbestimmungen und wird beim Abschluß des Vertrages Vertragsbestandteil. Bei diesen allgemeinen Vertragsbestimmungen, die in den Vergabeordnungen «Allgemeine Vertragsbedingungen» heißen, handelt es sich im wesentlichen um eine nähere Ausgestaltung und um Abweichungen von den Regelungen des Bürgerlichen Gesetzbuches (BGB). Die vertraglichen Regelungen der Vergabeordnungen haben sich aus den Erfahrungssätzen der Praxis ergeben. Sie gelten als ausgewogen und entsprechen nach höchstrichterlicher Rechtsprechung den Regeln von Treu und Glauben.

Die VOB hat außerdem noch einen Teil C. Dieser enthält die Allgemeinen Technischen Vorschriften für Bauleistungen (ATV), gegliedert nach den verschiedenen Bauarbeiten. Teil C wird ebenfalls Vertragsbestandteil.

– Grundsätze der Vergabe

Die Aufträge sind in der Regel im Wettbewerb zu vergeben.

Wettbewerbsbeschränkende und unlautere Verhaltensweisen sollen bekämpft werden.

Alle Bewerber sind gleich zu behandeln. Der Wettbewerb soll insbesondere nicht auf Bewerber, die in bestimmten Gebieten ansässig sind, beschränkt werden.

Arbeitsgemeinschaften und andere gemeinschaftliche Bewerber sind Einzelbewerbern gleichzusetzen.

Umfangreiche Leistungen sollen möglichst in Lose geteilt und nach Losen vergeben werden, damit sich auch kleinere und mittlere Unternehmen am Wettbewerb beteiligen können. Die einzelnen Lose müssen so bemessen sein, daß eine unwirtschaftliche Zersplitterung vermieden wird.

Öffentliche Aufträge dürfen nur an fachkundige, leistungsfähige und zuverlässige Bewerber vergeben werden. Zum Nachweis ihrer Fachkunde, Leistungsfähigkeit und Zuverlässigkeit können von den Bewerbern bestimmte Angaben verlangt werden, und zwar insbesondere über den Umsatz und die Ausführung vergleichbarer Leistungen in den letzten drei Jahren, über die durchschnittlich beschäftigten Arbeitskräfte in den letzten drei Jahren, über die Eintragung im Berufsregister und über die für die Ausführung der Leistung zur Verfügung stehende technische Ausrüstung.

Von der Teilnahme am Vergabeverfahren können Bewerber ausgeschlossen werden, über deren Vermögen das Konkurs- oder das Vergleichsverfahren eröffnet oder die Eröffnung beantragt worden ist, die sich in Liquidation befinden, bestimmte Abgaben nicht geleistet haben oder nachweislich eine schwere Verfehlung begangen haben, die

VOL and VOB each have a Part A and a Part B. Part A regulates the procedure to be operated by contracting authorities for the award of contracts. The EEC directives are integrated into Part A of the VOB, and annexed to Part A of the VOL as so-called 'a-paragraphs'. The difference in regulations between VOB and VOL stems mainly from the fact that construction works regulated by VOB are totally covered by the EEC directives, whilst of the supplies and services regulated by VOL only supplies are so covered.

Part B of the contracting procedures contains the General Conditions of Contract and becomes part of the awarded contract. These 'General Conditions of Contract', as they are called in the contracting procedures, consist in essence of a more detailed presentation and variation of provisions in the Code of Civil Law (*BGB*). The contractual arrangements set out in the contracting procedures are the result of practical experience. They are accepted as being well balanced and, according to the highest court decisions, as meeting the canons of equity.

The *VOB* also has a Part C containing the general technical regulations for construction works (*ATV*) classified under the various types of construction work. Part C also becomes part of the contract.

– Principles of Awarding Contracts

In general contracts are to be awarded in competition.
  Practices which are unfair or restrict competition should be resisted.

  All applicants must be treated alike. In particular, competition shall not be restricted to firms located in particular areas.
  Joint ventures and other joint applicants have the same standing as individual applicants.
  Large contracts should if possible be divided into parts to be tendered for separately so that small and medium-sized firms may also participate in the competition. The individual parts should be large enough to avoid uneconomical split up.

  Public contracts may only be awarded to competent, capable and reliable firms. As evidence of their competence, capability and reliability firms may be required to provide specific information, in particular about their turnover and performance on comparable contracts during the last three years, about their average numbers of employees in the last three years, about their entry in the trade register and about the technical equipment available for performance of the contract.
  Firms may be excluded from participation in the awarding procedure if bankruptcy or composition proceedings have been opened or applied for in relation to their property, if they are in process of liquidation, if they have not paid certain taxes or are shown to have committed a serious offence which places their reliability in doubt. The

ihre Zuverlässigkeit als Bewerber in Frage stellt. Die öffentlichen Auftraggeber können die Vorlage von Bescheinigungen der zuständigen Stellen oder entsprechende Erklärungen verlangen.

Bei der Zuschlagserteilung werden die Angebote ausgeschieden, deren Preise in offenbarem Mißverhältnis zur Leistung stehen. Für die Erteilung des Zuschlags ist der niedrigste Angebotspreis allein nicht entscheidend. Der Zuschlag ist vielmehr dem Bieter zu erteilen, der unter Berücksichtigung aller technischen und wirtschaftlichen, gegebenenfalls auch gestalterischen und funktionsbedingten Gesichtspunkte das wirtschaftlichste bzw. annehmbarste Angebot abgegeben hat. Das wirtschaftlichste Angebot (VOL) ist dasjenige Angebot, bei dem das günstigste Verhältnis zwischen der gewünschten Leistung und dem angebotenen Preis erzielt wird. Maßgebend für die Leistung sind alle auftragsbezogenen Umstände (z. B. technische, funktionsbedingte, gestalterische, ästhetische Gesichtspunkte, Kundendienst, Folgekosten).

In entsprechender Weise sind im Hinblick auf das annehmbarste Angebot (VOB) alle im Einzelfall für die auszuführenden Bauleistungen maßgebenden Umstände zu berücksichtigen. Bei der Wertung der Angebote für Bauleistungen sind außerdem die «Grundsätze für die Wertung der Angebote nach § 25 VOB/A» zu beachten (veröffentlicht im Vergabehandbuch, siehe Quellennachweis). Diese Grundsätze konkretisieren die Zuschlagsbestimmungen der VOB/A und schreiben insbesondere vor, daß Angebote einer vertieften Prüfung (Prüfung der Einzelansätze) unterzogen werden müssen, wenn Zweifel an der Angemessenheit der Preise bestehen (z. B. wenn ein Angebot um mehr als 10% von dem nächsthöheren Angebot abweicht).

Bei VOL-Vergaben hat der erfolglose Bieter nach Zuschlagserteilung auf seinen schriftlichen Antrag hin Anspruch auf Unterrichtung über die Gründe, aus denen sein Angebot nicht berücksichtigt worden ist (z. B. preisliche, technische, funktionsbedingte, gestalterische, ästhetische). In der Mitteilung hat der öffentliche Auftraggeber außerdem die Anzahl der eingegangenen Angebote sowie den niedrigsten und höchsten Angebotspreis der nachgeprüften Angebote bekanntzugeben. Die letztgenannten Angaben sind bei relativ geringem Zuschlagswert (unter 10.000 DM) oder bei einer relativ geringen Zahl von Angeboten (weniger als acht) nicht zu machen.

Der Auftragnehmer kann Unteraufträge vergeben. Bei Lieferungen und Leistungen sowie bei Bauarbeiten, auf die der Betrieb des Auftragnehmers nicht eingerichtet ist, bedarf die Vergabe an einen Unterauftragnehmer (Subunternehmer, Nachunternehmer) keiner Zustimmung des Auftraggebers. Für die Weitervergabe von Bauarbeiten, die der Auftragnehmer mit seinem Betrieb selbst erbringen könnte, muß er die Zustimmung des Auftraggebers einholen. Bei der Vergabe von Unteraufträgen darf der Auftragnehmer dem Unterauftragnehmer keine ungünstigeren Bedingungen – insbesondere hinsichtlich der Zahlungsweise und der Sicherheitsleistungen – stellen, als zwischen ihm und dem Auftraggeber vereinbart sind.

– Vergabeverfahren

Die VOL und die VOB sehen die folgenden drei Vergabearten vor:
a) **Öffentliche Ausschreibung**

contracting authority can demand the presentation of certificates from the competent authorities, or of corresponding declarations.

In awarding a contract tenders where the price bears no reasonable relationship to the service are excluded. The lowest tender price alone is not decisive. The contract is rather to be awarded to the tenderer whose tender offers the best value for money or appears the most acceptable having regard to all technological and economic aspects and, if appropriate, to matters of form and function. The tender offering the best value for money (*VOL*) is the one with the most favourable relationship between the desired service and the tendered price. Relevant to the service are all related circumstances (e. g. technical, functional, form and aesthetic aspects, after sales service, running costs).

Similarly, in deciding on the most acceptable tender (VOB), consideration must be given to all the circumstances relevant to the specific construction works to be carried out. In evaluating tenders for construction works regard must also be had to the 'Principles for Evaluating Tenders under Section 25 *VOB/A*' (published in the Contract Award Handbook, see Bibliography). These principles put into concrete form the award provisions of *VOB/A* and, in particular, provide that tenders must be examined in depth (examination of individual amounts), when doubt exists on the adequacy of the price (e. g. when an offer varies by more than 10 % from the next highest offer).

After the award of a contract under *VOL* an unsuccessful tenderer has the right, on written application, to be informed of the reasons why his offer was not considered (e. g. pricing, technical, functional, design or aesthetic). Except in the case of small contracts (under 10.000 *DM*) or where few tenders (less than eight) are involved, the contracting authority must also disclose in its communication the number of tenders received and the lowest and highest total price of those examined.

The contractor can place sub-contracts without the contracting authority's consent for those parts of the supplies and services or construction works which are outside the contractor's established business activities. The contractor must, however, obtain the authority's consent before sub-contracting supplies and services or construction works which his own firm could provide. The contractor may not let sub-contracts on less favourable terms – particularly as to method of payment and provision of security – than those agreed between him and the authority.

– **Awarding Procedure**

The *VOL* and *VOB* prescribe the following three ways of awarding contracts:
a) **Open Tendering**

Bei Öffentlicher Ausschreibung wird eine Bekanntmachung veröffentlicht, die alle erforderlichen Einzelheiten über Art und Umfang der Leistung enthält und allen Unternehmern, die sich gewerbsmäßig mit der Ausführung der ausgeschriebenen Leistung oder Lieferung befassen, die Möglichkeit gibt, ein Angebot einzureichen. Die Bekanntmachung erfolgt in amtlichen Veröffentlichungsblättern (z. B. Bundesausschreibungsblatt, Amtsblatt, Amtsblatt der EG bei Aufträgen von einer bestimmten Größenordnung an, vgl. oben 1.2), in Tageszeitungen oder Fachzeitschriften.

Eine Öffentliche Ausschreibung muß stattfinden, wenn nicht besondere Umstände eine Abweichung rechtfertigen. Die Priorität dieser Vergabeform liegt darin begründet, daß sie ein Höchstmaß an Wettbewerb garantiert.

b) **Beschränkte Ausschreibung,** gegebenenfalls mit öffentlichem Teilnahmewettbewerb

Bei Beschränkter Ausschreibung fordert die Vergabestelle eine beschränkte Zahl von Unternehmern auf, ein Angebot einzureichen.

Bei Aufträgen, die der Bekanntmachungspflicht im Amtsblatt der EG unterliegen, gibt die Vergabestelle obligatorisch zunächst im Amtsblatt der EG die Absicht der Auftragsvergabe bekannt mit der Aufforderung, Teilnahmeanträge zu stellen (öffentlicher Teilnahmewettbewerb). Aus den eingegangenen Anträgen wählt die Vergabestelle diejenigen Bewerber aus, die sie zur Angebotsabgabe auffordert.

Bei Aufträgen, die nicht der Bekanntmachungspflicht im Amtsblatt der EG unterliegen, soll nach der VOL/A ebenfalls, wenn es zweckmäßig ist, ein öffentlicher Teilnahmewettbewerb stattfinden (Bekanntgabe in den nationalen Veröffentlichungsblättern).

«Soll» bedeutet die generelle Verpflichtung, so zu verfahren wie vorgeschrieben, es sei denn, daß zwingende Gründe ein Abweichen rechtfertigen.

Im Rahmen der Markterkundung, zu der der öffentliche Auftraggeber, sofern er keine ausreichende Marktübersicht hat, durch die VOL besonders angehalten wird, kann sich der öffentliche Auftraggeber bei Auftragswerten über 10.000 DM auch von der Auftragsberatungsstelle des jeweiligen Bundeslandes geeignete Bewerber benennen lassen.

Eine Beschränkte Ausschreibung soll nur unter bestimmten Voraussetzungen stattfinden. Diese sind, daß
– die Leistung nach ihrer Eigenart nur von einem beschränkten Kreis von Unternehmern in geeigneter Weise erbracht werden kann,
– eine Öffentliche Ausschreibung kein annehmbares Ergebnis gehabt hat,
– eine Öffentliche Ausschreibung aus anderen Gründen (z. B. Dringlichkeit, Geheimhaltung) unzweckmäßig ist.

c) **Freihändige Vergabe**
Bei Freihändiger Vergabe wird der Auftrag ohne ein förmliches Verfahren vergeben.

Auch bei der Freihändigen Vergabe kommt es gegebenenfalls in Betracht, einen öffentlichen Teilnahmewettbewerb vorzuschalten. Entsprechendes gilt für die Einschaltung der Auftragsberatungsstelle (vgl. vorstehend b)).

Eine Freihändige Vergabe soll nur stattfinden, wenn eine Öffentliche oder Beschränkte Ausschreibung unzweckmäßig ist, d. h. wenn

In the case of Open Tendering a notice is published which gives all the necessary details as to the nature and extent of the supplies or works and offers the opportunity of submitting a tender to all firms engaged in business to provide the supplies or works advertised. The notice is placed in official publications (e. g. the Federal Bulletin of Invitations to Tender, EC Official Journal for contracts above a certain size – see 1.2 above), in daily papers or in trade periodicals.

Open Tendering must take place unless special circumstances justify a departure from this. The priority of this method of contracting results from the fact that it guarantees the maximum of competition.

b) **Selective Tendering** (with open invitation to participate where appropriate)
In the case of Selective Tendering the contracting authority invites a limited number of firms to submit tenders.

For contracts which have to be advertised in the EC Official Journal, the contracting authority first gives the obligatory notice therein of its intention to award the contract and invites applications to participate (open invitation to participate). From the applications received the contracting authority selects those from which it will invite tenders.

For contracts which do not have to be advertised in the EC Official Journal, an open invitation to participate shall also be issued, according to the *VOL/A*, when it is expedient (announcement in the national newspaper).
"Shall" signifies a general obligation to proceed as provided unless there are compelling reasons for departing therefrom.
Within the framework of market investigation, which contracting authorities are particularly urged to carry out under the *VOL* where they have insufficient market information, contracting authorities can also, for contract values in excess of 10.000 *DM*, apply to the Contract Advisory Centre of the respective *Land* for nomination of suitable tenderers.

Selective Tendering shall only take place under certain conditions. These are that:

– the nature of the supplies or works is such that it can only be satisfactorily provided by a limited number of firms;
– Open Tendering has failed to produce an acceptable result;
– Open Tendering is inappropriate for other reasons (e. g. urgency, security requirements).

c) **Negotiated Contract**
In cases of Negotiated Contract the contract is placed without formal procedure.

The adoption of an open invitation to participate should be considered where appropriate. Reference to the Contracts Advisory Centre is also appropriate (see b) above.

Contracts shall only be placed by negotiation when Open or Selective Tendering is inappropriate, namely if:

- für die Leistung aus besonderen Gründen (z. B. Patentschutz, besondere Erfahrung oder Einrichtung) nur ein bestimmter Unternehmer in Betracht kommt,
- die Leistung besonders dringlich ist,
- nach Aufhebung einer Öffentlichen oder Beschränkten Ausschreibung eine erneute Ausschreibung kein annehmbares Ergebnis verspricht,
- die Leistung Geheimhaltung erfordert,
- sich eine kleine Leistung von einer vergebenen nicht ohne Nachteil trennen läßt.

Die wesentlichen verfahrensmäßigen Unterschiede zwischen Öffentlicher und Beschränkter Ausschreibung einerseits und Freihändiger Vergabe andererseits bestehen darin, daß
- die Öffentliche und die Beschränkte Ausschreibung förmliche Verfahren sind, bei denen bestimmte Formvorschriften einzuhalten sind,
- die Freihändige Vergabe kein förmliches Verfahren darstellt.

d) Verfahren bei Öffentlicher und Beschränkter Ausschreibung

Bei der Öffentlichen und der Beschränkten Ausschreibung sind eine Reihe obligatorischer Bestimmungen zu beachten:
- die Ausschreibungen müssen die Leistung eindeutig und vollständig beschreiben und außerdem bestimmte andere Angaben enthalten. Bei diesen handelt es sich entweder um solche, die im Interesse der Rechtssicherheit und Rechtsklarheit erforderlich sind, oder um Angaben, die der Sicherung gleicher Wettbewerbsbedingungen für alle Bewerber dienen oder schließlich um solche, die dem Ziel einer wirtschaftlichen Bedarfsdeckung der öffentlichen Hand Rechnung tragen. In der Ausschreibung muß daher vor allem angegeben sein:
- Bezeichnung der Stelle, die zur Angebotsabgabe auffordert, sowie der Stelle, die den Zuschlag erstellt.
- Anschrift, unter der die Verdingungsunterlagen angefordert werden können
- Art und Umfang sowie Ort der Leistung
- Termin, bis zu dem die Angebote eingegangen sein müssen
- gegebenenfalls Ausführungsfrist
- etwaiger Vorbehalt wegen der Teilung der Lose, Umfang der Lose und mögliche Vergabe der Lose an verschiedene Bieter
- Entgelt für die Verdingungsunterlagen
- gegebenenfalls Unterlagen, die der Bieter zum Nachweis seiner Fachkunde, Leistungsfähigkeit und Zuverlässigkeit mit dem Angebot einreichen muß
- Höhe der vom Auftraggeber geforderten Sicherheiten
- Zahlungsbedingungen
- Zulässigkeit von Nebenangeboten

Weitere wichtige Verfahrensbestimmungen sind:
- die Angebote müssen zu dem festgesetzten Zeitpunkt eingegangen sein; verspätete Angebote bleiben im VOB-Verfahren unberücksichtigt; im VOL-Verfahren müssen sie geprüft werden, wenn der Bieter die Verspätung nicht zu vertreten hat, andernfalls brauchen sie nicht geprüft zu werden;

- for special reasons (e. g. protection of patents, special know-how or equipment) only one particular firm is able to meet the contract requirements;
- the contract is particularly urgent;
- after decision not to award a contract in the case of Open or Selective Tendering, a new invitation to tender would not hold promise of satisfactory results;
- the order must be handled in secret;
- a small quantity of work cannot without disadvantage be carried out separately to a contract already let.

The essential procedural difference between Open and Selective Tendering on the one hand and the Negotiated Contract on the other are that:

- Open and Selective Tendering are formal procedures in the course of which definite regulations must be observed;
- Negotiated Contracts are not subject to a formal procedure.

d) Procedure for Open and Selective Tendering

In the case of Open and Selective Tendering the following obligatory provisions must be observed.

- The invitation to tender must describe the work clearly and completely besides containing certain other information. In the case of the latter it is a question of information which is either necessary in the interest of legal certainty and legal clarity or which secures like conditions and competition for all tenderers, or finally which takes account of criteria for economically meeting the requirements of the public authority. The invitation to tender must, therefore, contain above all:

- name of the authority issuing the invitation to tender, as well as the authority awarding the contract;
- address from which the tender documents can be obtained;
- type and extent of the work as well as its location;
- date by which the tender must be received;
- any time limit for completion of the work;
- any reservations concerning division of the contract into parts, extent of the parts and the possibility of award of the parts to different tenderers;
- payment for the tender documents;
- relevant documents which the tenderer must submit with his offer as evidence of his competence, capability and reliability;
- the amount of security demanded by the contracting authority;
- terms of payment;
- admissibility of alternative offers.

Further important procedural provisions are:

- the tenders must be received by a fixed time. Under the *VOB* procedure late tenders are disregarded; in the *VOL* procedure they must be examined if the tenderer is not responsible for the delay, but otherwise no examination is required;

- die Bieter sind bis zum Ablauf der angegebenen Zuschlagsfrist an ihre Angebote gebunden;
- die Angebote werden in förmlicher Sitzung bei der Vergabestelle geöffnet, die Preise werden verlesen und in einer Niederschrift aufgeführt; bei Ausschreibungen nach der VOB dürfen die Bieter oder ihre Bevollmächtigten bei Öffnung der Angebote zugegen sein, bei Ausschreibungen nach der VOL ist ihnen die Teilnahme an der Sitzung nicht gestattet;
- Verhandlungen mit den Bietern über eine Änderung ihrer Angebote oder ihrer Preise sind unzulässig;
- das Ausschreibungsverfahren muß entweder durch Zuschlagserteilung oder durch Aufhebung der Ausschreibung zum Abschluß gebracht werden;
- die Ausschreibung kann aufgehoben werden, wenn kein Angebot eingegangen ist, das den Ausschreibungsbedingungen entspricht,
sich die Grundlagen der Ausschreibung wesentlich geändert haben,
andere schwerwiegende Gründe bestehen.
Die Bieter sind über die Aufhebung der Ausschreibung unverzüglich zu unterrichten.

– **Vertragsabschluß**

Durch den Zuschlag kommt der Vertrag zustande. Der Zuschlag ist die Erklärung der Vergabestelle gegenüber dem ausgewählten Bieter, daß sein Angebot angenommen wird. Dies wird in der Regel durch einen Brief mitgeteilt; mit dem Zugang des Briefes kommt der Vertrag zustande. Nur ausnahmsweise wird eine Vertragsurkunde aufgesetzt und von beiden Vertragsparteien unterzeichnet.

– **Nicht berücksichtigte Angebote**

Nach der Zuschlagserteilung erhalten die erfolglosen Bieter im Falle einer VOB-Vergabe die Mitteilung, daß ihre Angebote nicht angenommen worden sind. Gründe für die Ablehnung des Angebots werden nicht angegeben.
Im Falle einer VOL-Vergabe erhalten die Bieter nach Maßgabe der in der VOL/A näher festgelegten Voraussetzungen (u. a. schriftlicher Antrag) außer der Mitteilung über die Ablehnung ihres Antrags noch folgende Auskünfte:
- Gründe für die Ablehnung des Angebots (z. B. preisliche, technische, funktionsbedingte, gestalterische, ästhetische)
- Anzahl der eingegangenen Angebote
- niedrigster und höchster Angebotspreis der Angebote, die zu werten waren.
Die Verpflichtung der Vergabestelle zur Bekanntgabe von Einzelheiten entfällt jedoch bei einem Zuschlagspreis unter 10.000 DM, bei Eingang von weniger als acht Angeboten, bei Ausschreibung der Leistung als funktionale Leistungsbeschreibung.
Diese mit der VOL/A in der Neufassung von 1984 erstmals eingeführte sogenannte ex-post-Transparenz soll die abgelehnten Bewerber besser in die Lage versetzen, ihre Wettbewerbssituation zu erkennen und bei künftigen Vergaben ein Angebot abzugeben, das größere Chancen auf Annahme hat.

- tenderers are bound by the tenders until the end of the validity period;

- tenders are opened in formal proceedings at the contracting authority's offices, the prices are read out and entered in a record. In the case of awards under *VOB* the tenderers or their authorized representatives may be present at the opening of the tenders, for awards under *VOL* their participation at the opening is not allowed;

- negotiations with the tenderers over a change to their offers or the tendered prices are not allowed;
- the awarding procedure must be brought to a conclusion either by the award of a contract or by the decision not to award a contract;
- consideration of tenders can be discontinued if none of the offers received meets the conditions laid down, if there has been a significant change in the basis for tendering, or if there are other cogent reasons.

Tenderers must be immediately informed of such decisions.

– Formation of Contract

The contract comes into being through the award, i. e. the declaration by the contracting authority to the selected tenderer that his offer has been accepted. This is generally conveyed in a letter, the contract coming into being with its receipt. Only exceptionally is a formal agreement drawn up and signed under hand by both parties.

– Unsuccessful Tenders

Following the award of a contract, the unsuccessful tenderers are notified, in the case of *VOB*-awards, that their tenders have not been accepted. Reasons for the rejection of their tenders are not given.

In the case of *VOL*-awards the tenderers, in accordance with the more detailed requirements stipulated in the *VOL/A*, besides receiving the notification of rejection of their offers also receive the following information:
- reasons for rejection of the tender (e. g. price, technical, functional limitation, form, aesthetic);
- number of tenders received;
- lowest and highest total price of tenders which were assessed.

The obligation of the contract awarding authority to notify details does not apply, however, where the accepted price is under 10.000 DM, where there are fewer than eight tenders, or where the invitation to tender is based on a functional specification.

These so-called "ex-post transparency" provisions first introduced into the 1984 revised form of *VOL/A* should place unsuccessful tenderers in a better position to discern their competitive position and to submit future tenders which have a greater chance of acceptance.

Mit der für den VOL- und VOB-Bereich unterschiedlichen Regelungen tragen die Vergabeordnungen unterschiedlichen faktischen Gegebenheiten Rechnung: Bauwerke sind in der Regel Einzelfertigungen; sie können nicht auf Vorrat produziert werden. Für die Unternehmen der Bauwirtschaft ist es daher besonders wichtig, nach Angabe eines Angebots möglichst bald zu erfahren, ob die für ein Angebot potentiell gebundene Kapazität für andere Vorhaben zur Verfügung stehen kann oder sollte. Dem trägt die Abhaltung des Eröffnungstermins Rechnung, an dem die Bieter und ihre Bevollmächtigten teilnehmen können, und bei dem die Angebotsendpreise verlesen werden. Im VOL-Bereich, in dem gegenüber dem VOB-Bereich der regionale Aktionsradius der Unternehmen kaum begrenzt ist, könnte ein Teil der Bieter wegen zu weiter Entfernung nicht am Eröffnungstermin teilnehmen und wäre deshalb im Hinblick auf die Information über das Ausschreibungsergebnis benachteiligt. Aus der Sicht der Auftraggeber ist ferner zu berücksichtigen, daß die Gefahr von Preisabsprachen für künftige Vergaben theoretisch bei dem sich eher wiederholenden gleichartigen Bedarf im VOL-Bereich größer ist als bei eher individuellen Leistungen im Baubereich.

– **Vertragsbestandteile**

Vertragsbestandteile sind in der Regel:
a) **Die Leistungsbeschreibung**
In der Leistungsbeschreibung nach der VOL ist die zu liefernde Ware oder die auszuführende Leistung nach Art, Beschaffenheit und Umfang genau zu beschreiben. Sofern dies nicht möglich ist, kann die Leistung auch durch ihre wesentlichen konstruktiven Einzelheiten oder durch ihre Funktion beschrieben werden.

Nach der VOB erfolgt die Leistungsbeschreibung in der Regel durch eine allgemeine Darstellung der Bauaufgabe und durch ein in Teilleistungen gegliedertes Leistungsverzeichnis. Unter bestimmten Voraussetzungen – wenn auch der Entwurf für die Leistung dem Wettbewerb unterstellt wird – kann die Leistung auch nach Zweck und Funktion bzw. mit einem Leistungsprogramm beschrieben werden.
b) **Die Allgemeinen Vertragsbedingungen für die Ausführung von Leistungen – ausgenommen Bauleistungen (Teil B der VOL)**
oder
die **Allgemeinen Vertragsbedingungen für die Ausführung von Bauleistungen (Teil B der VOB)**

Bei den Vertrags**bedingungen** im Sinne der VOL und VOB handelt es sich juristisch um Vertrags**bestimmungen**.

In den Allgemeinen Vertragsbedingungen sind die allgemeinen vertraglichen Rechte und Pflichten der Vertragsparteien für die Erfüllung des Vertrages festgelegt. Hierzu gehören die Regelungen über die Vergütung, Verteilung der Gefahr, Gewährleistung, Zahlung, Sicherheitsleistung.

Die Allgemeinen Vertragsbedingungen können durch die nachstehend aufgeführten Vertragsbedingungen ergänzt werden:
aa) **Zusätzliche Vertragsbedingungen**
sind Vertragsbedingungen, die ein öffentlicher Auftraggeber für die von ihm ständig

Along with the different regulations for the *VOL* and *VOB* fields, the award arrangements take account of different actual circumstances: construction works are as a rule of a once-off nature; they cannot be produced for stock. It is, therefore, especially important for construction companies to learn as soon as possible after tendering whether they should tie up potential capacity against a tender or release it for other projects. Account is taken of this through the holding of a tender opening meeting, which the tenderer and his authorized representatives can attend and at which the tender total prices are read out. In the *VOL* field, in which contrary to the *VOB* field the regional radius of activity of a company is scarcely limited, some of the tenderers might not be able to attend the tender opening meeting on account of its being at too great a distance and would therefore be at a disadvantage with regard to the information concerning the outcome of the tendering. From the point of view of the contracting authority it is further to be considered that the danger of price rigging for future awards will theoretically be greater in the *VOL* field where there are recurring purchases than for individual construction works.

– **Elements of the Contract**

The following elements, inter alia, usually form part of the contract:
a) **The Specification**
Under *VOL* the specification must contain an exact description of the goods to be supplied or the services to be performed. If this is not possible the requirement may also be described in terms of its significant design details or of its function.

Under *VOB* the specification normally provides a general description of the scope of the works and Bills of Quantities divided into the categories of work. In certain circumstances – when the design is also subject to competition – the requirement may be described by a functional specification covering its intended purpose.

b) **General Conditions of Contract for Supplies and Services – Excluding Construction Works (Part B of *VOL*)**
or
General Conditions of Contract for Construction Works (Part B of *VOB*)

Legally the contract **conditions** of *VOL* and *VOB* become **terms** of the contract.

The General Conditions of Contract lay down the contractual rights and obligations of the contracting parties for the fulfilment of the contract. Among these are the arrangements for payment, risk sharing, guarantees and provision of security.

The General Conditions of Contract may be supplemented by further contract conditions as follows:
aa) **Additional Conditions of Contract**
These are contract conditions drawn up by a contracting authority having regard to

vergebenen Leistungen unter Berücksichtigung der bei ihm allgemein gegebenen Verhältnisse aufgestellt hat.
bb) **Ergänzende Vertragsbedingungen**
sind Vertragsbedingungen, die auf die Erfordernisse einer Gruppe gleichgelagerter Einzelfälle abgestellt sind. Sie finden nur bei Vergaben nach der VOL, nicht nach der VOB Verwendung.
cc) **Besondere Vertragsbedingungen**
enthalten Regelungen des Einzelfalles (z. B. Ausführungsfrist, Lieferfrist, Güteprüfung, Art der Verpackung, Anlieferungs- und Annahmestelle, Lagerpackung, Lagerplätze, Wasser- und Energieanschlüsse).
Bei öffentlichen Bauaufträgen sind außerdem Vertragsbestandteil
c) **Allgemeine Technische Vorschriften (Teil C der VOB)**
in denen insbesondere aufgeführt sind
– Bestimmungen über die Beschaffenheit der vom Auftragnehmer zu verwendenden Baustoffe und Bauteile,
– technische Regeln für die Ausführung der Arbeiten,
– Leistungen, die der Auftragnehmer ohne besondere Vergütung auszuführen hat (Nebenleistungen),
– Bestimmungen über das Aufmessen und Abrechnen der Leistung.
Diese Allgemeinen Technischen Vorschriften können, soweit dies allgemein für bestimmte Arten von Arbeiten oder im Einzelfall für einen bestimmten Auftrag erforderlich ist, durch «Zusätzliche Technische Vorschriften» ergänzt werden.

– **Rechte und Pflichten der Vertragsparteien bei Durchführung der Verträge**

Der öffentliche Auftraggeber und der Auftragnehmer haben nach dem Vertrage und den ergänzend geltenden Vorschriften des bürgerlichen Rechts insbesondere folgende Rechte und Pflichten:
Auftraggeber

Der Auftraggeber muß dem Auftragnehmer die für die Ausführung der Leistung nötigen Unterlagen unentgeltlich und rechtzeitig übergeben.
Der Auftraggeber ist berechtigt, die vertragsgemäße Ausführung der Leistung zu überwachen. Er hat nach der VOB Zutritt zu den Arbeitsplätzen, Werkstätten und Lagerräumen, wo die vertragliche Leistung hergestellt wird oder wo die Stoffe und Bauteile gelagert werden. Er kann verlangen, daß ihm die Ausführungsunterlagen und die Ergebnisse von Güteprüfungen vorgelegt und die erforderlichen Auskünfte erteilt werden. Er ist ferner befugt, unter Respektierung der dem Auftragnehmer zustehenden Leitung die Anordnungen zu treffen, die zur vertragsgemäßen Ausführung der Leistung erforderlich sind.
Im VOL-Bereich kann der öffentliche Auftraggeber verlangen, daß eine Güteprüfung durchgeführt wird. Dies geschieht vor allem entweder durch die Einholung des Gutachtens eines Prüfinstituts (z. B. Bundesanstalt für Materialprüfung) oder durch eine Prüfung, die die Beauftragten des Güteprüfdienstes im Betrieb des Auftragnehmers durchführen.

its own general circumstances, in respect of recurring requirements.

bb) **Supplementary Conditions of Contract**
These meet the specific requirements of particular categories of supplies. They are used only for tenders subject to *VOL*, not *VOB*.

cc) **Special Conditions of Contract**
These contain provisions for individual contracts (e.g. time allowed for performance, delivery time, quality control, type of packing, place for delivery and acceptance, storage area, availability of electricity and water on site).

In addition the following form part of the contract in the case of construction works:

c) **General Technical Specifications (Part C of *VOB*)**
These set out, in particular:
- quality of building materials and components to be used by the contractor;
- technical standards for the execution of the works;
- services to be carried out by the contractor without separate charge (ancillary services);
- provisions for the measurement and valuation of the work done.

If it is necessary for particular kinds of work, or in a particular contract, these General Technical Regulations may be supplemented by "Additional Technical Regulations".

– Rights and Obligations of the Contracting Parties in the Execution of Contracts

Under the contract and the provisions of the civil law which supplement it, the contracting authority and the contractor have the following paticular rights and obligations:

Contracting Authority

The contracting authority must provide the contractor, free of charge and in good time, with the documentation required for the performance of the contract.

The authority is entitled to check that the materials used and work performed are in accordance with the contract. It has under *VOB* access to the work places, workshops and storage areas where the contract work is carried out, or where the materials and construction components are stored. It can demand the submission of documents relating to the execution of the work and the results of quality inspections and the provision of other necessary information. It is further entitled, whilst preserving the contractor's right to superintend the work, to give instructions which are necessary for performance of the work in accordance with the contract.

In the *VOL* field the contracting authority can demand that a quality check of the supplies is carried out. This takes place either through obtaining an expert opinion of a test institute (e. g. Federal Institute for Material Testing) or through testing carried out in the contractor's factory by the personnel of the Quality Testing Service.

Der Auftraggeber kann die Beseitigung von Mängeln verlangen, und zwar während der Ausführung vor der Abnahme, aber auch noch nach der Abnahme bis zum Ablauf der vereinbarten Verjährungsfrist für die Gewährleistung. (Unter Abnahme versteht man die tatsächliche Übernahme der Leistung und die Billigung durch den Auftraggeber; die Verjährungsfrist für die Gewährleistung endet im allgemeinen bei Lieferungen und sonstigen Leistungen sechs Monate, bei Bauleistungen zwei Jahre nach der Abnahme.)

Bei Bauleistungen kann der Auftraggeber den Vertrag jederzeit kündigen; hat der Auftragnehmer die Kündigung nicht zu vertreten, steht ihm grundsätzlich die vereinbarte Vergütung zu, abzüglich ersparter Aufwendungen. Kündigungen dieser Art kommen allerdings kaum vor.

Sowohl im VOB- wie im VOL-Bereich kann der Auftraggeber den Vertrag jederzeit kündigen, wenn der Auftragnehmer seine Zahlungen einstellt, das Vergleichsverfahren beantragt oder in Konkurs gerät. Die erbrachten Leistungen sind nach den Vertragspreisen abzurechnen, Schadensersatzforderungen kann der Auftraggeber zur Verrechnung bringen.

Bei entsprechender Vereinbarung hat der Auftragnehmer für die vertragsgemäße Ausführung der Leistung und für die Gewährleistung eine Sicherheit zu leisten. Nach der VOL sind Sicherheitsleistungen nur zu fordern, wenn sie ausnahmsweise für die sach- und fristgemäße Durchführung der verlangten Leistung notwendig erscheinen. Nach der VOB soll auf Sicherheit ganz oder teilweise verzichtet werden, wenn Mängel der Leistung voraussichtlich nicht eintreten oder wenn der Auftragnehmer hinreichend bekannt ist und genügend Gewähr für die vertragsgemäße Leistung und die Beseitigung etwa auftretender Mängel bietet.

Eine Sicherheit wird geleistet durch Hinterlegung von Geld, durch selbstschuldnerische unbefristete Bürgschaft eines Kreditinstitutes oder Kreditversicherers oder durch Einbehalt von vertraglichen Zahlungen. Die Sicherheit soll 5% der Auftragssumme nicht überschreiten. Sie soll nicht höher bemessen und ihre Rückgabe nicht für einen späteren Zeitpunkt vorgesehen werden als nötig ist, um den Auftraggeber vor Schaden zu bewahren.

Bei entsprechender Vereinbarung kann der Auftraggeber wegen Nichteinhaltung von Vertragsfristen eine Vertragsstrafe verlangen. Eine solche soll jedoch nur ausbedungen werden, wenn die Nichteinhaltung erhebliche Nachteile verursachen würde. Die Strafe ist in angemessenen Grenzen zu halten. Im Falle einer unangemessenen hohen Vertragsstrafe kann der Auftragnehmer im Zivilgerichtsverfahren die Herabsetzung verlangen.

Der Auftraggeber muß bei Bauleistungen die Vertragsstrafe bei der Abnahme vorbehalten, sonst verfällt der Anspruch.

Auftragnehmer

Bei Bauleistungen kann der Auftragnehmer Abschlagszahlungen (Zahlungen während der Ausführung der Arbeiten) für die nachgewiesenen vertragsgemäß erbrachten Teile der Leistung verlangen.

Der Auftragnehmer kann verlangen, daß die Leistung innerhalb von 12 Tagen nach der Fertigstellung abgenommen wird. Er hat innerhalb einer bestimmten Zeit nach der

The contracting authority can require faults to be rectified even while work is in progress and before its acceptance, but also after acceptance up to the end of the agreed warranty period. (Acceptance means the approval and taking over of the supplies or works by the contracting authority; the warranty period normally ends six months after acceptance for supplies and other services, two years after acceptance for construction works.)

In the case of construction works the authority can terminate the contract at any time; if the supplier is not responsible for the termination he is in principle entitled to the agreed contract price less any expense saved. This kind of termination is, however, rare.

Under both *VOB* and *VOL* the contracting authority can terminate the contract at any time if the contractor suspends payments, applies for composition proceedings or becomes bankrupt or insolvent. Services and works carried out are valued at contract prices and eventually taken into account by the contracting authority in its claim for damages.

If stipulated in the contract the contractor must provide security for the proper and timely performance of the contract and for the warranty. Under *VOL* the provision of such security may only be demanded in exceptional circumstances. Under *VOB* the provision of security should be totally or partially dispensed with if default in performance is unlikely or if the contractor is sufficiently well known and offers an adequate guarantee for the proper performance of the contract and the rectification of any defects which occur.

Security is provided through the deposit of funds, a guarantee of first recourse without an expiry date from a bank or credit insurer, or retention moneys deducted from contract payments. The security should not exceed 5 % of the contract price. It should not be set higher, nor its return provided for later than is necessary to safeguard the authority from loss.

If stipulated in the contract the authority can exact a contractual penalty for failure to meet the contractual completion dates. A penalty may only be stipulated, however, if substantial damages would arise from the lateness. The penalty must be kept within appropriate limits. If a contractual penalty is unreasonably high the contractor can take proceedings in the civil courts to have it reduced.

In the case of construction works the authority must demand the contractual penalty on acceptance, otherwise its right lapses.

Contractor

In the case of construction works the contractor can demand payments on account (payments during the execution of the works) in respect of parts of the works certified to have been completed in accordance with the contract.

The contractor can require the works to be accepted within 12 days of completion. Within a stipulated time after completion the contractor is required to present the Final

Fertigstellung die Schlußrechnung vorzulegen. Die Schlußzahlung kann der Auftragnehmer verlangen, wenn der Auftraggeber die vorgelegte Schlußrechnung geprüft hat, auf jeden Fall jedoch spätestens zwei Monate nach Vorlage der Schlußrechnung.

Bei Leistungen nach der VOL soll möglichst innerhalb eines Monats nach Vorlage der Rechnung gezahlt werden. Die Rechnung wird in der Regel mit der Erfüllung des Vertrages vorgelegt.

Vorauszahlungen (Zahlungen vor Erbringung der Leistungen) sind sowohl nach der VOB und nach der VOL möglich. Wird nachträglich eine Vorauszahlung vereinbart, kann der öffentliche Auftraggeber verlangen, daß die Vorauszahlung verzinst wird und der Auftragnehmer eine Sicherheit für die Vorauszahlung leistet.

Der Auftragnehmer ist berechtigt, den Vertrag zu kündigen, wenn der Auftraggeber mit einer fälligen Zahlung in Verzug gerät oder eine ihm obliegende Handlung trotz einer vom Auftragnehmer gesetzten Nachfrist unterläßt und dadurch der Auftragnehmer die Leistung nicht ausführen kann; er hat Anspruch auf Vergütung der erbrachten Leistung und auf angemessene Entschädigung.

– Änderung der Vergütung

Preisgleitklauseln

Sind wesentliche Änderungen der Preisermittlungsgrundlagen zu erwarten, deren Eintritt oder Ausmaß ungewiß ist, kann eine angemessene Änderung der Vergütung in den Verdingungsunterlagen vorgesehen werden. Die Einzelheiten der Preisänderungen sind festzulegen.

Restriktive Verwaltungserlasse, die insbesondere der Bundesminister für Wirtschaft und Finanzen sowie der Bundesminister für Raumordnung, Bauwesen und Städtebau herausgegeben hat, setzen sowohl im VOB- als auch im VOL-Bereich der Möglichkeit Grenzen, den Auftragnehmern Preisvorbehalte einzuräumen. Denn Preisvorbehalte sind geeignet, Preiserhöhungen auszulösen und Preisauftriebstendenzen zu verstärken. Wenn keine wesentlichen und nachhaltigen Änderungen der Grundlagen für die Preisbildung zu erwarten sind, dürfen nach den Grundsätzen des Bundesministers für Wirtschaft und Finanzen vom 4. Mai 1972 Preisvorbehalte daher nicht gewährt werden. Sofern der Abschluß eines längerfristigen Vertrages (im allgemeinen mehr als zehn Monate Laufzeit des Vertrages) für den Unternehmer wegen der Ungewißheit künftiger Entwicklungen ein schwer kalkulierbares Risiko bedeuten würde, lassen die Grundsätze die Vereinbarung von Preisgleitklauseln unter bestimmten Voraussetzungen und unter restriktiven Bedingungen zu. Die Preisvorbehalte dürfen sich z. B. nur auf den Teil der Leistung beziehen, der durch die Änderung der Kostenfaktoren betroffen wird; sie werden nur wirksam, wenn ein bestimmter Mindestbetrag der Kostenerhöhung überschritten wird.

Mehr- und Mindermengen

Ergeben sich bei der Ausführung eines Vertrags nennenswerte Änderungen der vertraglich vorgesehenen Mengen, können neue Preise unter folgenden Voraussetzungen vereinbart werden:

Account. Final payment can be demanded by the contractor when the authority has examined the Final Account, but in any event not later than two months after its presentation.

In the case of supplies and services under *VOL*, payment should be made where possible within one month of presentation of the final account. Generally, the final account is presented on completion of the deliveries or services.

Advance payments (payments before delivery of the supplies or completion of parts of the works) are possible both under *VOB* and *VOL*. If an advance payment is agreed subsequent to contract award the authority can require the contractor to pay interest on it and to provide security for it.

The contractor is entitled to terminate the contract should the authority default on a due payment or fail to carry out some action for which it is responsible despite an extension of time given by the contractor, if as a consequence the contractor cannot carry out the contract. He can then claim payment for the work carried out and for appropriate damages.

– Price Variation

Price Variation Clauses

If substantial changes in the estimating cost bases of the price are expected and their incidence or extent is uncertain, then an appropriate price variation arrangement can be included in the tender documents. The detailed basis for calculating the variation in price must be laid down.

Restrictive decrees, particularly those issued by the Federal Minister for Economics and Finance as well as by the Federal Minister for Regional Planning, Building and Urban Development, limit the applications of price variation arrangements, both under *VOB* and *VOL*. Such price variation arrangements tend to result in price rises and strengthen inflationary tendencies. The principles laid down on 4 May 1972 by the Federal Minister for Economics and Finance therefore forbid the application of price variation arrangements if no substantial and lasting changes in the bases for pricing are expected. To the extent that the uncertainty of future developments would make it very difficult for a contractor to calculate the risk of performing a long-term contract (generally for contract periods longer than ten months), the principles allow the stipulation of price variation clauses in certain circumstances and subject to restrictive conditions. They may for example only apply to those parts of the price affected by the change in cost factors and only become effective when a certain minimum cost increase is exceeded.

Additional and Reduced Quantities

If, resulting from the performance of a contract, there are considerable variations in the quantities contractually provided for, then new prices can be agreed under the following circumstances:

Bei Leistungen nach der VOB können Vertragspartner – und machen je nach Interessenlage davon Gebrauch – die Vereinbarung eines neuen Einheitspreises verlangen, wenn die vertraglich vorgesehene Menge bei der Ausführung um mehr als 10% überschritten oder unterschritten wird. Wird die vertraglich vorgesehene Menge um mehr als 10% überschritten, können beide Partner verlangen, daß für die 10% überschreitende Menge ein neuer Einheitspreis unter Berücksichtigung der Mehr- oder Minderkosten vereinbart wird. Bei einer über 10% hinausgehenden Unterschreitung des Mengenansatzes ist der Einheitspreis für die tatsächlich ausgeführte Menge der Leistung zu erhöhen, soweit nicht der Auftragnehmer durch Erhöhung der Mengen bei anderen Positionen oder auf andere Weise einen Ausgleich erhält. Die neuen Preise für Mehr- und Mindermengen müssen der Preisgrundlage (Kalkulation) der ursprünglichen Preise entsprechen.

Im Bereich der VOL sind vertraglich neue Preise zu vereinbaren, wenn sich die Grundlagen der Preisberechnung durch Änderungen der Leistungen oder durch andere Forderungen des Auftraggebers ändern.

1.4 Öffentlich-rechtliche Preisvorschriften

Die maßgebenden Preisvorschriften für öffentliche Aufträge sind die aufgrund von § 2 des Preisgesetzes erlassenen Rechtsverordnungen PR Nr. 30/53 (für Leistungen mit Ausnahme von Bauleistungen) und PR Nr. 1/72 (für Bauleistungen) nebst den mit den Preisverordnungen zusammen erlassenen Leitsätzen für die Preisermittlung aufgrund von Selbstkosten (LSP).

– Preistypen

Nach den Preisverordnungen sind öffentliche Aufträge möglichst zu **Marktpreisen** bzw. **Wettbewerbspreisen** zu vergeben. Marktpreise im Sinne der VO PR 30/53 sind die für marktgängige Leistungen im Verkehr üblichen preisrechtlich zulässigen Preise. Wettbewerbspreise im Sinne der VO PR 1/72 sind die Preise, die bei einer Ausschreibung zustande kommen, ferner bei einer Freihändigen Vergabe, sofern mehrere Unternehmer nach ihren Preisen gefragt worden sind.

Kommt eine Vergabe zu einem Marktpreis bzw. Wettbewerbspreis nicht in Betracht, so ist der Auftrag zu einem Selbstkostenpreis zu vergeben. Der Selbstkostenpreis ist auf die geschätzten angemessenen Kosten des Auftragnehmers abgestellt und beinhaltet außerdem einen kalkulatorischen Gewinn. Bei Auftragsvergabe zu einem Selbstkostenpreis ist möglichst die Form des **Selbstkostenfestpreises** zu wählen. Kommt ein Selbstkostenfestpreis nicht in Betracht, so ist beim Abschluß des Vertrages zunächst ein **Selbstkostenrichtpreis** zu vereinbaren. Beim Selbstkostenrichtpreis handelt es sich um einen vorläufigen Selbstkostenfestpreis. Der Selbstkostenrichtpreis ist noch während der Fertigung, sobald die Grundlagen der Kalkulation übersehbar sind, in einen Selbstkostenfestpreis zu verwandeln. Ein **Selbstkostenerstattungspreis** darf nur vereinbart werden, wenn eine andere Preisermittlung nicht möglich ist.

For works under *VOB* the contract parties can – and when it is in their interests do – demand the agreement of a new unit price if during construction the actual quantity is greater or less than the contractual scheduled quantity by more than 10%. If the contractual quantity of an item is exceeded by more than 10%, then both parties can demand the agreement of a new unit price for the quantity in excess of 10% having regard to the additional or reduced costs. If the actual quantity is less than the scheduled quantity by more than 10%, then the unit price for the quantity actually executed is increased unless the contractor has been compensated by increases in quantities of other items, or in some other way. The new prices for the additional or reduced quantities must be calculated on the same basis as the original prices.

Under *VOL* new contract prices must be agreed if the authority requests changes to the contractual requirements which affect the bases of the price calculation.

1.4 Public Law Pricing Regulations

The relevant pricing regulations for public contracts are Regulations *PR* No. 30/53 (for supplies and services other than construction works) and *PR* No. 1/72 (for construction works), with the annexed Principles of Price Determination based on Prime Cost (*LSP*). Both pricing regulations are made under section 2 of the Price Law.

– Types of Price

Under these pricing regulations public contracts should wherever possible be let at **market** or **competitive prices**. Market prices within the meaning of *VO PR* 30/53 are the customary trading prices permissible under pricing legislation in respect of marketable services. Competitive prices within the meaning of *VO PR* 1/72 are those which result from competitive tendering or, in the case of negotiated contracts, where several firms have been asked for prices.

If a contract cannot be let at a market or competitive price then the order must be placed at a cost price which is derived from the supplier's reasonable estimated costs and contains in addition a calculated profit. If orders are placed at cost price, then wherever possible it should be a **fixed price**. If a fixed price cannot be established, then a **target price** should be initially agreed when the contract is awarded; it should be converted to a fixed price as soon as a basis for this emerges. A **cost-reimbursable price** basis may only be agreed if no other basis of price determination is possible.

– Preisüberwachung

Die Preisüberwachungsstellen sind berechtigt, Preise zu prüfen und unzulässige Preise zu beanstanden. Die Preisüberwachungsstellen können auch prüfen, ob zwischen Unternehmern Preisabsprachen getroffen worden sind, die nach dem Gesetz gegen Wettbewerbsbeschränkungen verboten sind. Eine Preiskontrolle durch Preisbehörden ist bei Marktpreisen (Wettbewerbspreisen) grundsätzlich nicht zulässig; bei Selbstkostenpreisen ist eine Preiskontrolle vorgesehen. Die Unternehmen müssen die für das Zustandekommen der Preise maßgebenden Unterlagen mindestens fünf Jahre aufbewahren. Die Preisüberwachungsstellen sind befugt, zur Prüfung der Preise die betrieblichen Unterlagen einzusehen und Abschriften machen zu lassen. Sie dürfen die Geschäfts- und Betriebsräume des Unternehmens besichtigen.

1.5 Streitigkeiten

Streitfälle zwischen Auftragnehmer und Auftraggeber berechtigen den Auftragnehmer nicht, die auszuführenden Leistungen einzustellen.

Bei Meinungsverschiedenheiten soll der Auftragnehmer zunächst die der Vergabestelle unmittelbar vorgesetzte Stelle anrufen; diese soll dem Auftragnehmer Gelegenheit zur mündlichen Aussprache geben und ihm einen schriftlichen Bescheid erteilen. Der Bescheid gilt als anerkannt, wenn der Auftragnehmer bei VOL-Leistungen nicht innerhalb von zwei Monaten schriftlich Einspruch bei dem öffentlichen Auftraggeber erhebt.

Hält der Auftragnehmer einschlägige EWG-Vorschriften für verletzt, kann er die Angelegenheit seiner Regierung oder der Kommission der EG vorlegen, die sie als Beschwerdefall in den Beratenden Ausschuß für öffentliche Aufträge bringen kann (vgl. oben 1.2).

Sollen Streitigkeiten aus öffentlichen Aufträgen gerichtlich geltend gemacht werden, sind dafür die Zivilgerichte zuständig. Eine Zuständigkeit der Verwaltungsgerichte kann in Betracht kommen, wenn ausschließlich über eine öffentlich-rechtliche Frage, z. B. über die Zugehörigkeit zu einer gesetzlich festgelegten Bevorzugtengruppe, gestritten wird.

Klagt der Auftragnehmer gegen die Auftraggeber wegen der Verletzung von Vertragsbestimmungen, so hat er Anspruch auf Ersatz des ihm entstandenen Schadens (positives Interesse, Erfüllungsinteresse). Klagt dagegen ein nicht berücksichtigter Bieter wegen einer Verletzung der Verfahrensvorschriften (Teil A der VOL oder VOB), so ist sein Schadensersatzanspruch auf das negative Interesse beschränkt (er wird so gestellt, als ob er sich nicht am Vergabeverfahren beteiligt hätte). In der Regel hat er nur Anspruch auf Erstattung der Kosten für die Erstellung des Angebots.

Eine schiedsgerichtliche Schlichtung von Streitigkeiten aus einem öffentlichen Auftrag ist bei entsprechender Vereinbarung durch besondere Urkunde zwischen dem Auftraggeber und dem Auftragnehmer möglich, aber in der Praxis nicht häufig.

In den einzelnen Bundesländern sind VOB-Stellen errichtet, deren Aufgabe es ist, Beschwerden über Verstöße gegen die VOB bei öffentlichen Bauaufträgen – gegebenenfalls schon während des Vergabeverfahrens – schnell und unbürokratisch nachzugehen, für

– Price Control

The price control offices are entitled to check prices and to object to any found to be inadmissible. The price control offices can also check whether firms have engaged in price rigging which is prohibited by the Law against Restraints on Competition. In principle checking of market prices (competitive prices) by price control offices is not permitted; checking of cost prices is provided for. Firms are required to preserve for at least five years, documents on which the determination of such prices are based. In their check on prices the control offices are empowered to examine the business records and documents and to make copies. They may inspect the firm's offices and workshops.

1.5 Disputes

Disputes between the contractor and the authority do not entitle the contractor to stop work on the contract.

In the event of such disputes the contractor should first appeal to the office immediately superior to that which let the contract; he should be given the opportunity of discussing the matter and be given a decision in writing. This decision is treated as accepted if the contractor does not make written objection to the authority within one month in the case of *VOL* or two months in the case of *VOB*.

If the contractor considers the pertinent EEC regulations to have been broken he can take the matter either to his government or to the EC Commission, who can bring it as a complaint before the Advisory Committee for Public Contracts (see 1.2 above).

The judicial settlement of disputes arising out of public contracts is a matter for the civil courts. The jurisdiction of the Administrative Courts can come into consideration when the matter disputed is exclusively a question of public law, e. g. concerning membership of a privileged group established by law.

In a claim by the contractor against the authority for breach of contract, the contractor can claim damages as compensation ("positive interest"). In a claim by an unsuccessful tenderer against the authority for breach of the contract award procedures (Part A of *VOL* and *VOB*) the claim for damages is limited to "negative interest" (i. e. he is placed in the same position as if he had not tendered). In general his claim is limited to the costs of preparation of his tender.

A settlement by arbitration of disputes arising out of a public contract is possible if the authority and the contractor so agree in a formal written agreement outside the contract, but in practice this is rather rare.

A *VOB* office has been established in each *Land* of the Federation whose function it is to look speedily and unbureaucratically into complaints concerning breaches of *VOB* in the performance of public works contracts – or during the process of awarding contracts

eine rasche Aufklärung und für eine rechtzeitige Entscheidung zu sorgen. Die VOB-Stellen sind in den Bundesländern zum Teil bei den Ministerien, zum Teil bei Behörden der mittleren Verwaltungsebene eingerichtet. Ein Verzeichnis aller VOB-Stellen ist beim Bundesministerium für Wirtschaft sowie beim Bundesministerium für Raumordnung, Bauwesen und Städtebau zu erhalten.

Eine VOB-Stelle kann angerufen werden
- vom Auftraggeber oder Bieter
- vom Nachunternehmer (hinsichtlich der Vergabe und der Vertragsgestaltung durch den Hauptunternehmer)
- von den Verbänden der Wirtschaft
- vom öffentlichen Auftraggeber.

Aufgabe der VOB-Stellen ist außerdem, Auftraggeber und Auftragnehmer in Fragen der Vergabe und Vertragsgestaltung für Bauleistungen zu beraten.

Eine VOB Stelle auf Bundesebene («VOB-Ausschuß auf Bundesebene») ist seit kurzem eingerichtet. Sie ist paritätisch mit neun Vertretern von Bund, Ländern und Gemeinden auf der einen Seite und mit neun Vertretern der Bauwirtschaft auf der anderen Seite besetzt. Abweichend von den VOB-Stellen der Länder hat sich die VOB-Stelle des Bundes vor allem mit Grundsatzfragen zur VOB zu befassen. Dabei können sich die Grundsatzfragen allerdings auch aus abgeschlossenen Einzelfällen ergeben. Für die Behandlung laufender Einzelfälle ist die Bundes-VOB-Stelle nicht zuständig.

Ob es auch für den VOL-Bereich zur Einrichtung entsprechender Beschwerde- und Beratungsstellen kommt, ist noch nicht entschieden.

2. Das öffentliche Auftragswesen im Vereinigten Königreich Großbritannien und Nordirland (Vereinigtes Königreich)

2.1 Begriffe

«Öffentliche Aufträge» sind Verträge öffentlich-rechtlicher Einrichtungen zu ihrer Versorgung mit Waren, Dienstleistungen oder Bauarbeiten.

Die drei wesentlichen Arten von öffentlich-rechtlichen Einrichtungen im Vereinigten Königreich sind:
- *Central Government Departments*
  (Ministerien des Vereinigten Königreichs)
- *Local Authorities (County, District and Parish/Community Councils)*
- (Kommunalbehörden (Grafschafts-, Bezirks- und Gemeindebezirks- oder Gemeinderäte)
- Verstaatlichte Industrien (Kohle, Elektrizität, Eisenbahnen usw.).

Andere öffentlich-rechtliche Einrichtungen gibt es im Staatlichen Gesundheitsdienst, im Erziehungswesen, bei der Feuerwehr und Polizei.

Diese verschiedenen Einrichtungen werden nachfolgend als *contracting authorities* (öffentliche Auftraggeber bzw. Auftraggeber) bezeichnet.

if necessary – in order to reach a timely settlement. In the *Laender* the *VOB* offices are accommodated partly with the Ministries and partly with the middle-level administration authorities. A list of all *VOB* offices may be obtained from the Federal Ministry of Economics as well as from the Federal Ministry for Regional Planning, Building and Urban Development.

Reference to a *VOB* office can be made by:
– the contractor or tenderer;
– subcontractors (with regard to the awarding and framing of the contract by the main contractor);
– industrial or trade associations;
– the contracting authority.

It is also the function of the *VOB* offices to advise both authorities and contractors in matters concerning the awarding and framing of contracts for construction works.

A *VOB* office at the federal level (*VOB* Committee) has recently been established. It has equal representation on the one side by nine representatives of the Federation, *Laender* and Local Authorities and on the other side nine representatives of the construction industry. In contrast to the *VOB*-Offices of the *Laender*, the Federal *VOB*-Office is above all concerned with fundamental questions relating to the *VOB*. These fundamental questions can, however, also follow from particular completed contracts. The Federal *VOB*-Office is not authorized to become involved in contracts which are still running.

It has not yet been decided whether to establish corresponding offices (for dealing with appeals and dispensing advice) in the *VOL* field.

2. Public Procurement in the United Kingdom of Great Britain and Northern Ireland (United Kingdom)

2.1 Basic Concept

"Public contracts" are contracts in which the party procuring the goods, services or works is a public body.

The three most significant categories of public bodies in the United Kingdom are:

– Central Government Departments

– Local Authorities (County, District and Parish/Community Councils), and

– Nationalized Industries (Coal, Electricity, Railways etc.).

Other public bodies include National Health Service Authorities, Education, Fire and Police Authorities.

These various bodies are referred to below as "contracting authorities".

Etliche Kommunalverwaltungen und verstaatlichte Industrien haben, entsprechend den Befugnissen, die ihnen durch Parlamentsgesetze gewährt sind, Tochterunternehmen gemäß den Gesetzen über Unternehmen gebildet oder sind Partnerschaftsvereinbarungen mit privaten Organisationen zum Zwecke des Engagements in Beratungstätigkeiten oder der Verwertung einer besonderen Technologie eingegangen.

Solche Tochter- und Partnerschaftsunternehmen arbeiten – im Hinblick auf ihre Intentionen und Zwecke – wie Konzerne des privaten Sektors.

Öffentliche Aufträge im Vereinigten Königreich sind Gegenstand des Zivilrechts (des englischen Rechts, des schottischen Rechts oder des Rechts von Nordirland), je nach dem Land, in dem die Behörde ihren Sitz hat. Davon kann es Ausnahmen geben, nämlich wenn öffentliche Aufträge an Unternehmen in anderen Teilen des Vereinigten Königreiches oder in Übersee vergeben werden und ein anderes Rechtssystem vereinbart ist.

«Verwaltungsrecht» (*Administrative Law*) ist auf die Vergabe öffentlicher Aufträge nicht anzuwenden, und die öffentlichen Auftraggeber sind frei, innerhalb der Befugnisse zu handeln, die ihnen durch Königliche Ermächtigung oder Gesetz des Parlaments übertragen sind, gegebenenfalls in Übereinstimmung mit dem Allgemeinen Recht, mit den Anweisungen des zuständigen Ministers und den Erfordernissen der öffentlichen Rechenschaftspflicht.

Die betreffenden Regierungsstellen haben es vorgezogen, die Angelegenheiten des öffentlichen Auftragswesens mit der Industrie auf der Basis frei ausgehandelter Vereinbarungen zu regeln. Nur ausnahmsweise sind spezielle gesetzliche Regelungen oder Vorschriften erlassen worden, die von diesem Grundsatz abweichen.

2.2 EWG-Richtlinien und GATT-Übereinkommen für die Liberalisierung der Vergabe von öffentlichen Aufträgen und für die Koordinierung der Verfahren

Die Vorschriften der EWG-Richtlinien, die sich auf die Vergabe von Aufträgen für die Beschaffung von Waren oder die Errichtung von Bauwerken durch öffentliche Auftraggeber in den Mitgliedstaaten der EG beziehen, und die Vorschriften des GATT-Kodex (wie sie im Quellenhinweis zu Teil I dieses Textes aufgeführt sind) sind an die betreffenden Verwaltungsanweisungen der Zentralregierung weitergeleitet worden.

Eine Bezugnahme auf die Forderung der EWG-Richtlinien enthalten auch die Verfahrensvorschriften für die Vergabe von Aufträgen, die von dem *National Joint Consultative Comittee (NJCC)* for Building – (Vereinigter Nationaler Beraterausschuß für Bauten) in Verbindung mit dem *Department of the Environment – DOE –* (Ministerium für Umweltfragen) aufgestellt worden sind.

2.3 Vergabe öffentlicher Aufträge

Anzuwendende Verfahren

Im Vereinigten Königreich gibt es kein einheitliches Vorschriftensystem wie die VOB und die VOL. Die Ministerien, Kommunalverwaltungen und die verstaatlichten Industrien haben ihre eigenen Regelungen für das Vergabeverfahren aufgestellt, die die speziellen Erfordernisse dieser Auftraggeber berücksichtigen und allen Anweisungen oder

A number of local authorities and nationalized industries have, under the powers conferred on them by the Acts of Parliament which constituted them, formed wholly-owned subsidiary companies under the Companies Acts or have entered into partnership arrangements with private sector organizations e. g. for the purpose of engaging in consultancy activities or the exploitation of a particular technology.

Such subsidiary companies and partnerships operate for all intents and purposes as private sector concerns.

Public contracts in the United Kingdom are subject to the general law, whether English Law, Scots Law or Northern Ireland Law depending on the country in which the public authority is situated. Of course there can be exceptions where public contracts are awarded to firms in another part of the United Kingdom or overseas and some other legal system is agreed.

There is no 'Administrative Law' applicable to the award of public contracts, and contracting authorities are free to operate within the powers conferred on them by the Royal Charter or Act of Parliament constituting them (where applicable) subject to compliance with the general law, directions given by the sponsoring Minister and the requirement of public accountability.

As a matter of general policy respective Governments have preferred to contract with industry on a voluntary basis on freely negotiated terms. Only exceptionally has special legislation been passed or regulations made which affect this basic philosophy.

2.2 EEC Directives and GATT Agreement for Liberalizing the Award of Contracts and Co-ordination of Procedures

The provisions of the EEC directives relating to the award of contracts for supplies or construction works by public authorities in the EC Member States and of the GATT Agreement (as listed in the bibliography to Part I of this text) have been communicated to relevant UK public authorities through central government circulars.

Reference to the requirements of EEC Directives is also included in the codes of procedure for the award of contracts drawn up by the National Joint Consultative Committee (NJCC) for Building in consultation with the Department of the Environment (DOE).

2.3 Award of Public Contracts

Applicable Provisions

There is no unified system in the United Kingdom such as that contained in Part A of the *VOB* or the *VOL*. Each government department, local authority and nationalized industry has drawn up its own contracting procedures to meet its individual requirements having regard to guidance or directives issued by the Treasury, sponsoring Ministries, parti-

Richtlinien der *Treasury* (Schatzamt), der verantwortlichen Ministerien und speziellen Gesetzen und den Kodices für die Praxis Rechnung tragen, die die nationalen Beratungsausschüsse aufgestellt haben.

Die *Treasury* übt eine allgemeine Aufsicht über die Vergabeverfahren der Ministerien aus, die bei der Vergabe von Aufträgen beachtet werden müssen. Die Einzelmaßnahmen bezüglich der Aufträge, die Auswahl der angemessenen Bedingungen und finanziellen Regelungen fallen in die Verantwortlichkeit der einzelnen Vergaberessorts. Die *Treasury* muß jedoch konsultiert werden, wenn vorgesehen ist, von irgendeinem wichtigen Prinzip abzuweichen, oder wenn sich ungewöhnliche Umstände ergeben.

Ein allgemeines Diskussionsforum für Angelegenheiten der Beschaffungspolitik und Beschaffungsprobleme besteht in dem *Procurement Policy Committee* (Ausschuß für Beschaffungspolitik), bei dem es sich um einen ständigen Ausschuß der *Treasury* handelt. Alle maßgebenden Vergaberessorts sind in dem Ausschuß vertreten. Sein Hauptzweck ist, «im Bereich der Beschaffungs- und Verkaufspolitik der Ministerien das gemeinsame Wissen und die Erfahrung des öffentlichen Dienstes als Ganzes zum Tragen zu bringen und auf diese Weise einen hohen und gleichmäßigen Stand der Wirtschaftlichkeit im Bereich der Beschaffung hervorzubringen; und auch, gemeinsame Richtlinien für die Handhabung spezieller Beschaffungsprobleme auszuarbeiten».

Die Kommunen von England und Wales haben die *Local Authorities' Association* (Kommunale Vereinigung) gegründet, um ihre Mitglieder in Vergabeangelegenheiten zu beraten und um ein Forum für den Austausch von Informationen über Beschaffungsvorhaben und die Koordinierung zu haben.

Die Gruppe der Vorsitzenden der verstaatlichten Industrien hat eine Anzahl von Foren errichtet, deren Aufgabe es ist, in Angelegenheiten wie Beschaffung, künftige Investitionspläne, Organisationsformen und überseeische Beratungsangelegenheiten das Vorgehen zu koordinieren oder zu beraten. Die verstaatlichten Industrien sind auch in verschiedenen *Economic Development Committees – EDC's –* (Ausschüssen für Wirtschaftsentwicklung) vertreten und Arbeitsgruppen des *National Economic Development Office – NEDO –* (Amt für nationale Wirtschaftsentwicklung) angeschlossen.

Die Zentralregierung, Kommunalbehörden und die verstaatlichten Industrien haben jeweils Fachverbände und andere Stellen, die Vertragsinteressen des privaten Sektors repräsentieren, konsultiert. Das *Department of the Environment* (Ministerium für Umweltfragen) und Vertreter der schottischen und nordirischen Vereinigten Beratungskommission haben in dem *National Joint Concultative Committee for Building**) (Verei-

---

* Mitglieder sind:
Local Authorities' Association (Kommunalvereinigung)
Royal Institute of British Architects – RIBA –
(Königlich Britische Architektenkammer)
Royal Institute of Chartered Surveyors – RICS –
(Königliche Kammer öffentlich bestellter Baukostensachverständiger)
Association of Consulting Engineers – ACE –
(Vereinigung der Beratenden Ingenieure)
National Federation of Building Trades Employers and Federation of Specialist Contractors – NFBTE –

cular legislation and codes of practice recommended by national consultative committees.

The Treasury exercises a general oversight of central government departmental contracting procedures and under its responsibility for the co-ordination of policy lays down broad principles to be observed by departments in the placing of contracts. The detailed administration of contracts, the selection of appropriate conditions and the financial provisions are the responsibility of the individual contracting departments. However, the Treasury must be consulted if it is proposed to depart from any important principle or if any unusual circumstances arise.

A general forum for discussion on policy matters and procurement problems exists in the Procurement Policy Committee which is a standing committee of the Treasury. All the principle contracting departments are represented on the committee. Its main purpose is 'to bring to bear on the procurement and sales policies of government departments the collective knowledge and experience of the public service as a whole, and thus promote a high and uniform standard of economy in the procurement field; and to work out common policies for dealing with particular procurement problems'.

The local authorities of England and Wales have formed the Local Authorities' Association (LAA), to advise its members on contract matters, provide a forum for the exchange of information on purchasing arrangements and co-ordinate the development of regional purchasing schemes.

The Chairmen's Group of the nationalized industries has established a number of panels to co-ordinate action or give advice on matters such as procurement, future investment plans, organization and overseas consultancy. Nationalized industries are also represented on various Economic Development Committees (EDC's) and associated National Economic Development Office (NEDO) working parties.

Central government, local authorities and the nationalized industries have each consulted with trade associations and other bodies representing private sector contracting interests. The Department of the Environment and representatives of Scottish and Northern Ireland joint consultative committees were involved with the National Joint Consultative Committee* for Building in the formulation of codes of procedure for se-

---

* The constituent bodies are:
Royal Institute of British Architects (RIBA)
Royal Institute of Chartered Surveyors (RICS)
Association of Consulting Engineers (ACE)
National Federation of Building Trades Employers and Federation of Building Specialist Contractors (NFBTE)
Committee of Associations of Specialist Engineering Contractors (CASEC)

nigter Nationaler Beraterausschuß für Bauten) bei der Ausarbeitung von Verfahrensregelungen für beschränkte Ausschreibungen mitgewirkt. Die *Local Authorities' Association* (Kommunalvereinigung) ist seit 1957 Mitglied des *Joint Contracts Tribunal* – *JCT*–**) (Vereinigte Kommission für Bauverträge), die eine Reihe von Mustervertragsbedingungen und damit verbundenen Verfahren aufgestellt hat.

Eine Reihe von Weißbüchern und Ausarbeitungen der Regierung haben Grundsätze des Vergabeverfahrens festgelegt und allgemeine Leitlinien gegeben. Darüber hinaus sind andere Prinzipien aufgestellt worden, entsprechend dem Ergebnis von Forschungsvorhaben, die beispielsweise von parlamentarischen *Select Committees* (Ausschüssen), dem *Public Accounts Committee* (Rechnungsprüfungsausschuß des Parlaments) und der *Monopolies and Mergers Commission* (Monopol- und Fusionskommission) ausgeführt wurden, oder durch Berichte wie den

– *Banwell*-Bericht von 1964 –
Die Vergabe und Durchführung von Aufträgen für Hoch- und Tiefbauarbeiten
– *Harris*-Bericht *NEDO* (1968) –
Auftragsvergabe im Tiefbaubereich seit Banwell
– *NEDO*-Bericht (1970) –
Großbaustellen
– *Wood*-Bericht *NEDO* (1975) –
Der öffentliche Auftraggeber und die Bauindustrie.

Nach Abschnitt 135 des *Local Government* 1972 (Kommunalgesetz von 1972) sind Kommunen in England und Wales verpflichtet, *standing orders* (Allgemeine Verfahrensregelungen) über die Vergabe von Bau- und Lieferaufträgen zu erstellen. Unterabschnitt 3 des Gesetzes lautet:

«Die von einer Kommune erstellten allgemeinen Verfahrensregelungen hinsichtlich der Verträge für die Lieferung von Waren oder Materialien oder der Verträge zur Ausführung von Bauarbeiten müssen Bestimmungen zur Sicherung des Wettbewerbs bei solchen Aufträgen und zur Regelung der Art, in der solche Aufträge ausgeschrieben werden, enthalten; sie können jedoch Aufträge, deren vereinbarter Preis unterhalb des in der Allgemeinen Anweisung festgelegten Preises liegt, von derartigen Bestimmungen ausnehmen und können die Kommune dazu ermächtigen, jeden Auftrag von diesen Bestimmungen auszunehmen, wenn die Kommune davon überzeugt ist, daß die Ausnahme durch besondere Umstände gerechtfertigt ist.»

(Nationaler Verband der Arbeitgeber des Baugewerbes und Verband von Spezial-Bauunternehmern)
Committee of Association of Specialist Engineering Contractors – CASEC –
(Spitzenvereinigung der Fachverbände von Unternehmen des Spezial-Tiefbaus und Ingenieurbaus)
** Mitglieder sind:
Local Authorities Association (Kommunalvereinigung)
Royal Institute of British Architects – RIBA –
(Königlich Britische Architektenkammer)
Scottish Building Contracts Committee and other professional, contractor and sub-contractor associations giving equal representation to client and contractor interests
(Schottischer Ausschuß für Bauaufträge und andere Unternehmer- und Subuneherverinigungen von freien Berufen unter gleicher Repräsentation der Auftraggeber- und Unternehmerinteressen)

lective tendering. The Local Authorities' Association has since 1957 been a member of the Joint Contracts Tribunal (JTC)** which has drawn up a number of standard forms of contract and associated procedures.

A number of government White Papers and reviews have set down fundamental principles of contracting procedure and give guidance on general principles. In addition other principles have been established as the outcome of investigations carried out e. g. by parliamentary Select Committees, the Public Accounts Committee and the Monopolies and Mergers Commission or of reports such as:

- Banwell Report 1964 –
  The Placing and Management of Contracts for Building and Civil Engineering Works
- Harris Report, NEDO 1968 –
  Contracting in Civil Engineering since Banwell
- NEDO Report (1970) –
  Large Construction Sites
- Wood Report, NEDO 1975 –
  The Public Client and the Construction Industries.

Under Section 135 of the Local Government Act 1972 local authorities in England and Wales are required to produce 'standing orders' for the placing of works and supplies contracts. Sub-section 3 states:

"Standing orders made by a local authority with respect to contracts for the supply of goods or materials or for the execution of works shall include provisions for securing competition for such contracts and for regulating the manner in which tenders are invited, but may exempt from any such provision contracts for a price below that specified in standing orders and may authorize the authority to exempt any such provision when the authority are satisfied that the exemption is justified by special circumstances."

** The constituent bodies are:
  Local Authorities' Association
  Royal Institute of British Architects
  Scottish Building Contracts Committee and other professional, contractor and sub-contractor associations giving equal representation to client and contractor interests.

Nach Beratungen mit den Kommunalverbänden haben das *Department of the Environment,* sonstige Ministerien und andere Stellen eine Broschüre mit dem Titel *Model Standing Orders – Contracts* (Muster für Allgemeine Verfahrensregelungen – Aufträge) herausgegeben, um Kommunen bei der Formulierung ihrer Allgemeinen Verfahrensregelungen zu unterstützen. Eine dritte überarbeitete Fassung wurde am 20. Juli 1983 als Rundschreiben des *Departement of the Environment* Nr. 15/83 herausgegeben. Das Rundschreiben verweist auch auf den vom *Department of the Environment* veröffentlichten *Code of Procedures for Local Authoritiy House Building* (Verfahrenskodex für den kommunalen Wohnungsbau), der Hinweise für das Vergabeverfahren enthält. Obwohl er ausdrücklich zur Abdeckung des Wohungsbaus herausgegeben worden ist, betrachtet man ihn als allgemein anwendbar auf andere Hoch- und Tiefbauerfordernisse.

Der Verfahrenskodex schreibt vor:
- die Berücksichtigung des *NJCC*-Verfahrenskodex für Beschränkte Ausschreibungen,
- bei Bauvorhaben die unveränderte Anwendung der neuesten Fassung der *JCT* – Mustervertragsbedingungen für Bauaufträge (Ausgabe für Kommunen) mit oder ohne Mengenangaben,
- bei Tiefbauvorhaben die unveränderte Anwendung der *ICE*-Vertragsbedingungen, herausgegeben vom *Institution of Civil Engineers* (Kammer Britischer Bauingenieure).

1980 leitete die Regierung ihre *Public Purchasing Initiative – PPI –* (Initiative öffentliche Beschaffung) ein, um die Wettbewerbsfähigkeit der Industrie zu verbessern. Im Rahmen dieser Initiative gab die *Treasury* Anfang 1981 einen Satz von *Public Purchasing Guidelines* (Richtlinien zur öffentlichen Beschaffung) heraus, von dem es der Ansicht war, daß diese ein integrierender Bestandteil der Verfahren zur Vergabe öffentlicher Aufträge werden sollten.

Teilweise wiederholen diese Richtlinien frühere Regierungspolitik, und teilweise gaben sie der Besorgnis Ausdruck, daß Beschaffungsentscheidungen aufgrund einer übervorsichtigen Betrachtung öffentlicher Rechenschaftspflicht und der Starrheit der Kassenbudgets allzu oft auf der Basis des geringsten gebotenen Preises gefällt würden.

Als Entscheidungshilfe wurde eine detaillierte Liste von Faktoren aufgestellt, die kurz-, mittel- und langfristig Erwägungen beeinflussen.

Der Hauptzweck der Richtlinien war es, eine weitergefaßte Definition der Wirtschaftlichkeit zu formulieren, die solche Faktoren wie Konstruktion, Verläßlichkeit und Wartungsfähigkeit einschloß, welche die Gesamtkosten während der Lebensdauer eines Produktes beeinflussen.

Die Richtlinien empfehlen außerdem wohldurchdachte Vergabeverfahren durch:
- frühen Dialog mit potentiellen Lieferanten künftiger Beschaffungen,
- Ermutigung zur Innovation im Hinblick auf Produkte und Verfahren,
- mehr Angaben bezüglich der funtionellen Anforderungen als der Konstruktionsvorgaben,
- Einbeziehung der Verstetigung der Auftragsvergaben, soweit möglich, und
- Aufklärung nicht erfolgreicher Bieter über Mängel in ihren Angeboten.

Als Teil des *Efficiency Programme* von 1983 (Effiziensprogramm von 1983) gab das *Cabinet Office* (Staatskanzlei) einen Bericht über neun Ministerien mit einem Ausgabevolu-

The DOE, after consultation with the Local Authorities' Association, government departments and other bodies, produced a booklet entitled 'Model Standing Orders – Contracts' to assist local authorities in formulating their standing orders. A revised third edition was issued on 20 July 1983 under cover of DOE Circular 15/83. The circular also made reference to the Code of Procedures for Local Authority House Building published by the DOE which provides guidance on contract procedures. Although issued specifically to cover house building, its guidance is considered to be of general application to other building or construction requirements.

The Code of Procedure advocates:
- reference to the NJCC Codes of Procedure for Selective Tendering,
- for building works, the adoption, without modification of the latest version of the JCT Standard Form of Building Contract (Local Authorities Edition) with or without quantities, and
- for civil engineering works, the adoption without modification of the ICE Conditions of Contract 5th Edition, published by the Institution of Civil Engineers (ICE).

In 1980 the Government launched its Public Purchasing Initiative (PPI) to improve the competitiveness of industry. Under this initiative the Treasury issued in early 1981 a set of Public Purchasing Guidelines which, it considered essential, should become an integral part of procedures for the award of public contracts.

In part these guidelines reiterated previous government policies and in part reflected concern that decisions on purchasing were all too often inclined to be made on the basis of the lowest price tendered because of a too cautious approach to public accountability and the rigidity of cash budgets.

To assist decision making, a detailed list was given of factors affecting short-term, medium-term and long-term considerations.

The main thrust of these guidelines was to set down a broader definition of value for money encompassing such factors as design, reliability and maintainability which affect the total cost over the life of a product.

The guidelines also recommend enlightened procurement procedures by way of:
- early dialogue with potential suppliers of future requirements,
- encouragement of product and process innovation,
- stating requirement in performance terms rather than detailed designs,

- implementing an even ordering pattern where practicable, and
- de-briefing unsuccessful tenderers on deficiencies in their bids.

As part of the 1983 Efficiency Programme the Cabinet Office conducted a review of some nine departments having a total expenditure amounting to some £ 2,500 million. Its

men von etwa £2.500 Millionen heraus. Unter dem Titel «Öffentliche Aufträge und Beschaffungsverfahren der Regierung» wurde er dem Premierminister vorgelegt und im Dezember 1984 veröffentlicht.

Die wichtigsten Empfehlungen dieses Berichtes für die Ministerien und die Auftragnehmer sind:
– genehmigte Lieferantenlisten sind laufend zu überprüfen,
– Preisreduktionen können nach Angebotsabgabe mit dem Unternehmen auf der Grundlage des Umfangs des erteilten Auftrages ausgehandelt werden, wenn ungebührliche Preissteigerungen oder andere relevante Umstände vorliegen,
– Vertragsunterlagen sind zu überprüfen mit dem Ziel, die Bedingungen spezifischer zu machen; Risiken und Verantwortlichkeiten sind zu klären, und die Form und der Wortlaut sind zu verbessern, z. B. durch eine möglichst weitgehende Bezugnahme auf den *Sale of Goods Act* (Gesetz über den Verkauf von Waren), und
– eine *Central Purchasing Unit – CPU –* (Zentrale Beschaffungsstelle) ist einzurichten mit dem Ziel, bei Kauf- und Lieferverträgen der gesamten Regierung zunehmende Effektivität zu entwickeln und zu sichern und Empfehlungen an die Ministerien im Hinblick auf eine gute Einkaufspraxis vorzusehen. Die *CPU* wurde dementsprechend errichtet und veröffentlicht einen jährlichen Tätigkeitsbericht.

Andere Empfehlungen betreffen Verbesserungen innerhalb der internen Verwaltung der Ministerien durch z. B.
– die Entwicklung von Leistungszielen
– zunehmendes Training in Verhandlungstechniken
– Rationalisierung und Reduzierung von Unterlagen
– Management-Systeme und verbessertes Datengrundmaterial.

Ein Experiment mit Verhandlungen nach Angebotsabgabe, das von dem *Ministry of Defence – MOD –* (Ministerium der Verteidigung) im November 1983 durchgeführt worden ist, hat bedeutende Ersparungen bei relativ geringen zusätzlichen Verwaltungskosten gezeigt.

Bevorzugungsregelungen

Die Ministerien müssen auch die Regelungen für die bevorzugte Vergabe von Regierungsaufträgen beachten, die zum Teil von den Kommunen und ebenfalls den verstaatlichten Industrien zu berücksichtigen sind.

Zwei Bevorzugungsregelungen sind in Kraft, die Unternehmen betreffen, die ihren Sitz in besonderen Gebieten des Vereinigten Königreiches haben, jeweils bezeichnet als:
– *Development Areas* (Entwicklungsgebiete) und
– *Intermediate Areas* (Entwicklungszwischengebiete, d. h. Gebiete, die weder als Entwicklungsgebiet noch als voll entwickeltes Gebiet anzusehen sind).

Die Bevorzugungsregelungen haben die Bezeichnung:
– das *General Preference Scheme*
 (Allgemeine Bevorzugsregelung)
– das *Special Preference Scheme*
 (Besondere Bevorzugungsregelung).

report entitled 'Government Contract and Procurement Procedures' was presented to the Prime Minister and published in December 1984.

Its main recommendations affecting both government departments and suppliers were:
- approved lists of suppliers to be subject to continuing review;
- price reductions to be negotiated post-tender on the basis of volume of business placed with the company, undue price increases or other relevant factors;

- contract documentation to be reviewed with the aim of making conditions more specific, clarifying the form and wording, e. g. by relying as far as possible on the Sale of Goods Act, and

- a Central Purchasing Unit (CPU) to be established with the objective of developing and securing increased effectiveness in purchasing and supply throughout central government and to provide advice on good buying practice to departments. The CPU was subsequently established and publishes an annual report on its activities.

Other recommendations were made concerning improvements in the internal administration of departments e. g. through
- the development of performance targets,
- increased training in negotiating skills,
- rationalization and reduction of paperwork,
- improved management systems and data bases.

An experiment on post-tender negotiation introduced by the Ministry of Defence (MOD) in November 1983 showed significant savings for relatively little additional administration cost.

Contracts Preference Schemes

Central government departments must also comply with the requirements of the Government Contracts Preference Schemes, which in part are also observed by local authorities and nationalized industries.

There are two preference schemes in operation affecting firms located in qualifying areas of the UK, designated from time to time as:
- Development Areas, or
- Intermediate Areas.

These are called:
- the General Preference Scheme, and

- the Special Preference Scheme.

Seit Einführung der Regelungen ist der Umfang der bevorzugten Gebiete beträchtlich reduziert worden.

Allgemeine Bevorzugungsregelung

Unernehmen in den besonderen Gebieten wird jede Gelegenheit gegeben, Angebote für öffentliche Aufträge für die Lieferung von Waren und Leistungen einzureichen, und wenn der Preis, die Qualität, die Lieferung und andere in Betracht zu ziehende Umstände gleichwertig sind, sollen die Vergabeministerien, die verstaatlichten Industrien und andere öfentliche Körperschaften die Aufträge eher an die Unternehmen in den bevorzugten Gebieten als anderswohin vergeben.

Besondere Bevorzugsregelung

Diese wird ausschließlich von den Ministerien und der Post angewandt. Sie wird angewandt, wenn der billigste erfolgreiche Bieter die geforderten Waren oder Leistungen von Örtlichkeiten außerhalb der besonderen Gebiete beschaffen will. Es gibt keine Preispräferenz, aber den Unternehmen innerhalb der bevorzugten Gebiete soll die Möglichkeit gegeben werden, 25 % des Auftrages zu einem Preis zu übernehmen, der dem öffentlichen Auftraggeber keine zusätzlichen Kosten verursacht. Solche Unternehmen – beginnend mit dem niedrigsten Bieter – werden nacheinander aufgefordert, ein Angebot für 25 % des Gesamtauftrages zu dem vom öffentlichen Auftraggeber geforderten Preis anzunehmen, der der Differenz zwischen dem vom preisgünstigen Bieter geforderten Preis für 75 % der Leistung und seinem ursprünglichen Preis für 100 % der Leistung entspricht.

Wenn Angebote mit demselben Preis von zwei Unternehmnen eingereicht werden, eines davon im Entwicklungsgebiet und das andere in einem Zwischengebiet, ist dem ersteren der Vorzug zu geben.

Unternehmen, die an dieser Bevorzugungsregelung teilnehmen möchten, müssen sich an die zuständigen Organisationen für die Teilnahme an diesen Beschaffungen wenden, um in deren genehmigte Lieferantenliste aufgenommen zu werden.

Jede Regierung hat es bisher abgelehnt, die Bevorzugungsregelung dahin auszudehnen, daß Mehrpreise für die Unternehmen in den bevorzugten Gebieten gezahlt werden.

Beschützte Werkstätten für Behinderte und Gefängniswerkstätten werden als bevorzugte Bewerber bezeichnet. Sie werden bei der Vergabe von Aufträgen bevorzugt, und ihnen werden günstigere Möglichkeiten zur Lieferung innerhalb einer weitestmöglichen Skala von Waren gegeben. Dieses System stellt sicher, daß an bevorzugte Bewerber ein Teil öffentlicher Aufträge vergeben wird, den sie im Wettbewerb nicht erhalten hätten. Diese Präferenz ist nicht zu einer Preispräferenz ausgedehnt. Die Regelung ist ähnlich der oben erwähnten speziellen Bevorzugungsregelung.

Mittelstandspolitik

Es ist erklärte Politik der Regierung, die Entwicklung kleinerer Unternehmen zu fördern. Im Hinblick hierauf ist innerhalb des *Department of Trade and Industry* (Ministe-

The qualifying areas have been considerably reduced since the introduction of the schemes.

– **General Preference Scheme**

Firms in the qualifying areas are to be given every opportunity to tender for public contracts for the supply of goods and services, and where price, quality, delivery and other considerations are equal, government purchasing departments, nationalized industries and certain other public bodies will let contracts to firms in the qualifying areas rather than elsewhere.

– **The Special Preference Scheme**

This is operated only by government departments and the Post Office. It is applied when the lowest successful tenderer will provide the requisite goods or services from premises outside the qualifying areas. There is still no price preference, but firms within the qualifying areas may be given the opportunity of taking 25% of the order at a price which would entail no additional cost to the purchaser. Such firms – beginning with the lowest tenderer – are in turn invited to accept an offer of 25% of the order at a price stipulated by the purchaser which is equal to the difference between the successful outside tenderer's original price for the whole quantity and his price for only 75%.

Where tenders of equal value are submitted by two firms, one in a Development Area and the other in an Intermediate Area, preference is to be given to the former.

Firms wishing to participate in these schemes must apply to the relevant participating purchasing organizations for inclusion in their approved lists of suppliers.

Successive governments have consistently declined to extend these schemes to include for any price advantage to firms in the development areas.

Sheltered workshops for handicapped people and prison workshops are designated priority suppliers, and are shown preference in the award of contracts and given more favourable opportunities of supplying the widest possible range of goods. The system provides for priority suppliers to be awarded a proportion of contracts they have been unable to secure competitively. This preference does not extend to a price preference. The scheme is similar in operation to the Special Preference Scheme above.

– **Small Firms Policy**

It is government policy to encourage the development of small firms and to this end it has appointed a Minister for Small Firms within the Department of Trade and Industry.

rium für Handel und Industrie) ein Minister für kleinere Unternehmen ernannt worden. Der Minister für kleinere Unternehmen kündigte im November 1982 an, daß die Unternehmen für den Zuschlag der meisten Lieferaufträge der Regierung unter dem Betrag von £10.000 künftig nicht mehr in die Liste der genehmigten Unternehmen aufgenommen zu sein brauchten; daß nicht genehmigte Unternehmen für nicht dringende Lieferaufträge oberhalb dieser Schwelle bieten könnten, vorbehaltlich der nachträglichen Überprüfung für den Fall, daß sie erfolgreich sind; und daß es einen größeren Wechsel in der Aufforderung zur Angebotsabgabe unter den Unternehmen der Listen der Ministerien geben werde. Eine Reihe von Vorschlägen zur Unterstützung kleinerer Unternehmen sind 1984 angekündigt worden; sie schließen ein:
- Verminderung von Kontrollen und Vorschriften der Regierung,
- Ausdehnung der Beratungen, die bei den örtlichen Unternehmensagenturen zu erhalten sind, und
- Überprüfung der *Value Added Tax* (Mehrwertsteuergesetz) und der Gesetzgebung zum Schutz von Beschäftigten.

Im Jahre 1984 einigte sich die *Treasury* mit Ministerien über ein Standardformular über Auskunftsersuchen, das finanzielle und generelle Informationen enthält und einem potentiellen neuen Lieferanten gesandt werden muß. Dieses Formular ersetzt die vielen verschiedenen Formulare, die bislang von den einzelnen Ministerien gebraucht worden sind.

Weder die gegenwärtige noch die vorgeschlagene Unterstützung wird jedoch zu irgendeiner Preispräferenz bei der Erlangung öffentlicher Aufträge ausgedehnt.

Vertragsbedingungen

Die hauptsächlich angewandten Vertragsbedingungen für Aufträge der Ministerien der Regierung sind
für größere Aufträge:
- *GC/Works/1 Edition 2*, September 1977 – *General Conditions of Government Contracts for Building and Civil Engineering Works* (Allgemeine Vertragsbedingungen für Aufträge der Regierung für den Hoch- und Tiefbau)
- *C1020* Dezember 1972 – *General Conditions of Contract for Mechanical and Electrical Services and Plants, issued by the Property Services Agency (PSA)*
  (Allgemeine Vertragsbedingungen für Maschinenbau und elektrotechnische Dienste und Anlagen, herausgegeben von der gemeinsamen Baudienststelle der Ministerien – PSA)
- *GC/Stores/1 Edition April 1979, Standard Conditions of Government Contracts for Stores Purchases*
  (Vertragsbedingungen für Aufträge der Regierung für Lieferungen)
für kleinere Aufträge:
- *GC/Works/2*
  (GC/Bauarbeiten/2)
- *C1001*

The Minister for Small Firms announced in November 1982 that firms would no longer need to have approved status for the award of most government supplies contracts under the current value of £ 10,000; that non-approved firms could bid for non-urgent supplies contracts above this level subject to their approval subsequently if successful; and that there would be a greater rotation of invitations to tender amongst firms on departments' lists. A number of proposals for assisting small firms were announced in 1984 including:

- reduction in government controls and regulations,
- increase in extent of advice and counselling available from the local Enterprise Agencies and the Small Firms Service, and
- review of Value Added Tax (VAT) and employment protection legislation.

In 1984 the Treasury agreed with departments a standard form of factual enquiry, covering financial and general information to be sent to potential new suppliers. This form has replaced the various different forms previously used by each department.

Neither the present nor the proposed assistance, however, extends to any price preference in obtaining public contracts.

Conditions of Contract

The main forms used for government departmental contracts are:
for major contracts,

- GC/Works/1, Edition 2, September 1977 – General Conditions of Government Contracts for Building and Civil Engineering Works.

- C1020, December 1972 – General Conditions of Contract for Mechanical and Electrical Services and Plants, issued by the Property Services Agency (PSA)

- GC/Stores/1, Edition April 1979, Standard Conditions of Government Contracts for Stores Purchases

for minor contracts,
- GC/Works/2

- C1001

- *GC/Stores/2*
  (GC/Lieferungen/2)
  und im Falle von Straßenbauarbeiten:
- *ICE Conditions of Contract for Civil Engineering Works, 5th Edition, with amendment(s)*
  (*ICE* Vertragsbedingungen für Tiefbauarbeiten, 5. Ausgabe, mit Ergänzungen).
  Die Vertragsbedingungen für die kleineren Aufträge sind die gekürzte Fassung der Vertragsbedingungen für die größeren Aufträge.
  Jedes Ministerium hat seine eigenen zusätzlichen Klauseln oder Ergänzungen. Die vom *Ministry of Defence* verwandten Klauseln tragen die Bezeichnung *DEFCONS.*
  Die *GC/Works/1*-Vertragsbedingungen sind nach Beratung zwischen dem *Building and Civil Engineering Sub-committee of the Procurement Policy Committee* (Unterausschuß für Hoch- und Tiefbau des Ausschusses für die Beschaffungspolitik) und den Auftragnehmern aufgestellt worden, die durch die *National Federation of Building Trades Employers – NFBTE –* (Nationaler Verband der Arbeitgeber des Baugewerbes) und die *Federation of Civil Engineering Contractors – FCEC –* (Verband der Tiefbauunternehmer) vertreten waren.
  Die *GC/Stores/1*-Vertragsbedingungen wurden nach Beratung zwischen der Regierung und der *Confederation of British Industry – CBI –* (Spitzenverband der Britischen Industrie) aufgestellt.
  Die hauptsächlichsten Mustervertragsbedingungen, die von Kommunen angewandt werden, sind:
- *JCT-Standard Form of Building Contract (Local Authorities Edition) with or without quantities for building works*
  (Mustervertragsbedingungen für Hochbauaufträge, Ausgabe für Kommunen, mit oder ohne Mengen)
  und
- *ICE Conditions of Contract, 5th Edition, for civil engineering works*
  (*ICE*-Mustervertragsbedingungen für Tiefbauarbeiten, 5. Ausgabe).
  Dem *ICE Conditions of Contract Standing Joint Committee* (Ständiger Gemeinsamer Ausschuß für *ICE*-Vertragsbedingungen), der die *ICE*-Vertragsbedingungen formuliert, gehören Vertreter des *Institute of Civil Engineers – ICE –* (Kammer Britischer Bauingenieure) an, außerdem Vertreter der *Association of Consulting Engineers –ACE –* (Vereinigung der Beratenden Ingenieure) und der *Federation of Civil Engineering Contractors – FCEC –* (Verband der Tiefbauunternehmer). Die *ICE*-Mitglieder des Ausschusses vertreten die Interessen des Auftraggebers.
  Der *ICE* hat eine Anzahl von Verfahrensregelungen veröffentlicht, darunter:
- Verfahren für den Tiefbau und
- Anleitung zur Vorbereitung, Abgabe und Wertung von Angeboten für Tiefbauaufträge – für den Gebrauch im Vereinigten Königreich empfohlen.
  Die Vertragsbedingungen, die von den verstaatlichten Industrien für größere Lieferaufträge verwandt werden, basieren alle auf der *Model Form of General Conditions of Contract «A», Home Contracts – with Erection* (Muster für Allgemeine Vertragsbedingungen

- GC/Stores/2

and in the case of roadworks, the
- ICE Conditions of Contract, 5th Edition, with amendment(s).

The minor contract forms are shortened versions of the major contract forms.

Each department has its own supplementary conditions or amendmends. Those used by the MOD are termed DEFCONS.

The GC/Works/1 form was drawn up after consultation between the Building and Civil Engineering Sub-committee of the Procurement Policy Committee and contractors represented by the National Federation of Building Trades Employers (NFBTE) and the Federation of Civil Engineering Contractors (FCEC).

GC/Stores/1 was drawn up after consultation between the government and the Confederation of British Industry (CBI).

The main forms used by local authorities are:

- JCT Standard Forms of Building Contract (Local Authorities Edition) with or without quantities, for building works,

and the
- ICE Conditions of Contract, 5th Edition, for civil engineering works.

The ICE Conditions of Contract Standing Joint Committee which formulates the Model Conditions comprises representatives of the ICE, the Association of Consulting Engineers (ACE) and the FCEC. The ICE members on the committee represent the client's interest.

The ICE has published a number of procedures including:
- Civil Engineering Procedure, and
- Guidance on the preparation, Submission and Consideration of Tenders for Civil Engineering Contracts – recommended for use in the UK.

The conditions of contract used by the nationalized industries for major supply contracts are all based on the 'Model Form of General Conditions of Contract 'A', Home Contracts – with Erection', published by the Institution of Electrical Engineers (IEE) –

A, für Inlandsaufträge – mit Montage, veröffentlicht von der *Institution of Electrical Engineers* – *IEE* – (Vereinigung der Elektroingenieure), nachstehend als *Model Form A* (Muster Form A) bezeichnet. Einige der verstaatlichten Industrien, z. B. die *British Steel Corporation* – *BSC* – (Britische Stahlkorporation), haben ihre eigenen Vertragsbedingungen veröffentlicht, andere, z. B. *British Rail* (Britische Eisenbahnen) und die *Water Authorities* (Wasserwerke), verwenden Musterformulare mit zusätzlichen Bedingungen oder Ergänzungen. Eine Anzahl staatlicher Industrien hat ihre Vertragsbedingungen mit den *Trade Associations* (Wirtschaftsverbänden) abgestimmt.

Muster Form A ist von der *Institution of Mechanical Engineers* – *I. Mech. E.* – (Vereinigung der Mechanikingenieure), von der *IEE* und der *ACE* empfohlen und wurde von dem *Joint Committee on Model Forms of General Conditions of Contract* (Vereinigter Ausschuß für Allgemeine Mustervertragsbedingungen) aufgestellt. *British Rail* (Britische Eisenbahnen), *British Steel* (Britische Stahlkorporation), der *Central Electricity Generating Board* (Zentralbehörde für Elektrizitätserzeugung), *British Coal* (Staatliche Kohlebehörde und die *Port of London Authoritiy* (Londoner Hafenbehörde) sind zusammen mit beratenden Ingenieuren, der *British Electrical and Allied Machinery Association* – *BEAMA* – (Britischer Verband der Elektroindustrie und zugehöriger Maschinenherstellung) und dem *Institute of Purchasing and Supply* (Vereinigung für Beschaffungswesen) in dem Vereinigten Ausschuß für Vertragsbedingungen vertreten. Eine größer angelegte Prüfung dieser Mustervertragsbedingungen durch den Vereinigten Ausschuß wird seit 1984 durchgeführt*. Die Vertragsbedingungen für Hoch- und Tiefbauten der verstaatlichten Industrien beruhen im allgemeinen auf den Mustervertragsbedingungen des *ICE*.

Jede Behörde hat für geringwertige Liefer- oder Bauaufträge ihre eigenen gedruckten Auftragsbedingungen.

Eine wesentliche Zahl von gesetzgeberischen Maßnahmen ist in den letzten Jahren bezüglich der Verträge über den Verkauf von Waren oder Leistungen und im Hinblick auf die Wettbewerbspolitik erlassen worden. Die wesentlichen sind:
– *Restrictive Trade Practices Act* 1956 – 1976
 (Gesetz gegen Wettbewerbsbeschränkungen von 1957 – 1976)
– *Misrepresentation Act* 1967
 (Gesetz über die Folgen unrichtiger Angaben von 1967)
– *Supply of Goods (Implied Terms) Act* 1973
 (Gesetz über die Lieferung von Waren – stillschweigend einbezogene Vertragsbedingungen – von 1973)
– *Unfair Contract Terms Act* 1977
 (Gesetz über unbillige Vertragsbedingungen von 1977)
– *Sale of Goods Act* 1979
 (Gesetz über den Verkauf von Waren von 1979)
– *Competition Act* 1980
 (Wettbewerbsgesetz von 1980)

---

* Diese Prüfung wird voraussichtlich 1988 abgeschlossen werden mit der Veröffentlichung einer neuen Musterform MF/1 für Inlands- und Auslandsaufträge – mit Montage

referred to below as Model Form A. Certain of the nationalized industries e. g. the British Steel Corporation, have published their own amended forms; others, e. g. British Rail and the Water Authorities, use the Model Form A together with supplementary conditions or amendments. A number of the nationalized industries have agreed their conditions of contract with Trade Associations.

Model Form A is recommended by the Institution of Mechanical Engineers, (I. Mech. E.), the IEE and the ACE, and was drawn up by the Joint Committee on Model Forms of General Conditions of Contract. British Rail, British Steel, the Central Electricity Generating Board, British Coal and the Port of London Authority together with consulting engineers, the Federation of British Electrotechnical and Allied Manufacturers' Association (BEAMA) and the Institute of Purchasing and Supply are currently represented on this Joint Committee. A major review of this model form by the Joint Committee, began in 1984*. The conditions of contract used by the nationalized industries for building and civil engineering works are generally based on the ICE Conditions of Contract.

Each public authority has its own printed order conditions for small value purchases or works.

A substantial amount of legislation has been enacted in recent years relating to contracts for the sale of goods or services and competition policy, the most relevant being:

– Restrictive Trade Practices Act 1956 -1976,

– Misrepresentation Act 1967,

– Supply of Goods (Implied Terms) Act 1973,

– Unfair Contract Terms Act 1977,

– Sale of Goods Act 1979,

– Competition Act 1980,

---

* This review is scheduled to be completed in 1988 with the publication of a new model form, MF/1, for Home or Overseas Contracts – with Erection.

- *Supply of Goods and Services Act* 1982
  (Gesetz über die Lieferung von Waren und Leistungen von 1982), und
- *Latent Damages Act* 1986
  (Gesetz über verdeckte Mängel von 1986)

Das jeweilige Gesetz, das auf den Antrag anzuwenden ist, wird zumeist durch die speziellen Konditionen bestimmt, die die Vertragsparteien im Vertrag festgelegt haben, nämlich, wie sie in den oben erwähnten Vertragsbedingungen enthalten sind. Andere Regelungen jedoch, die die normalen gesetzlichen Rechte oder Rechtsbehelfe ausschließen, können nur aufrechterhalten werden, wenn sie nicht im Gegensatz zu den Regelungen des *Unfair Contract Terms Act* (Gesetz über unbillige Vertragsbedingungen) stehen.

Grundsätze der Auftragsvergabe

Die von öffentlichen Auftraggebern angewandten Verfahren haben zahlreiche gemeinsame Merkmale.

Im allgemeinen sind Aufträge, sofern dies vertretbar ist, nach einer Ausschreibung unter Wettbewerbsbedingungen zu vergeben, wobei alle Bieter gleich behandelt werden. Die öffentlichen Auftraggeber unterliegen den Bestimmungen des Wettbewerbsgesetzes und dürfen keine Praktiken anwenden, die den öffentlichen Interessen entgegenstehen. Der *Local Government, Planning and Land Act* 1980 (Gesetz über örtliche Verwaltung, Planung, Grund und Boden von 1980) verlangt, daß Gemeinden für einen wesentlichen Teil ihrer Arbeiten unter gewissen Voraussetzungen Angebote im Wettbewerb zwischen Regiebetrieben und privaten Unternehmern einzuholen haben.

Die meisten öffentlichen Auftraggeber führen *Approved Lists* oder *Select Lists* (Anerkannte Listen) von Unternehmen, die in der Lage sind, bestimmte Arbeiten auszuführen. Ehe ein Unternehmen in diese *Approved List* aufgenommen wird, muß es der Verwaltung nachweisen, daß es über die notwendigen technischen, finanziellen und betriebswirtschaftlichen Kapazitäten sowie über die entsprechende Produktion verfügt, um die spezielle Arbeiten nach Art und Umfang ausführen zu können. Anerkannte Listen werden regelmäßig überprüft und auf der Grundlage der von den Unternehmen erbrachten Leistungen, der Veränderungen ihres finanziellen Status und der Verfügbarkeit von anderen qualifizierten Unternehmen überarbeitet. Die Muster der Allgemeinen Anweisungen für Kommunalverwaltungen stellen die Forderung von Vertragserfüllungssicherheiten in das Ermessen dieser Verwaltungen. Sie weisen aber auch darauf hin, daß die Kosten dieser Vertragserfüllungssicherheiten unvermeidlich vom Auftraggeber getragen werden und daß diese Garantien nicht verlangt werden sollten, wenn der finanzielle Status des Unternehmens untersucht und als zufriedenstellend beurteilt worden ist.

Die *NJCC*-Verfahrensregelungen empfehlen eine Angebotsfrist von mindestens vier Wochen, länger für Großprojekte, um dem Anbieter zu ermöglichen, wettbewerbliche Angebote für Material und Arbeiten von Subunternehmern einzuholen. Anweisungen für Bieter legen fest, daß Mängel oder Unklarheiten in den Ausschreibungsunterlagen noch in der Ausschreibungsfrist geklärt werden sollten. Alle Bieter werden über daraus resultierende Änderungen informiert.

- Supply of Goods and Services Act 1982, and the

- Latent Damages Act 1986.

The particular law applicable to a contract is more often determined by the special conditions agreed upon by the parties to a contract, such as those contained in the above mentioned forms. Any provisions, however, which exclude the ordinary legal rights or remedies will only be upheld if they are not contrary to the provisions of the Unfair Contract Terms Act.

Principles of Awarding Contracts

The Procedures used by contracting authorities have many common features.

In general, contracts are let by competitive tender whenever reasonably practicable with all tenderers being treated equally. Contracting authorities are subject to the provisions of the Competition Act 1980 and must not engage in practices contrary to the public interest. The Local Government, Planning and Land Act 1980 and the regulations and directions made thereunder require a local authority to invite tenders from private contractors in competition with its direct labour organization, for a substantial proportion of its work.

Most contracting authorities maintain 'Approved Lists' (or Select Lists) of contractors competent to carry out particular work. Before being admitted to the Approved List a contractor must satisfy the authority that is has the necessary technical, financial, production and managerial resources to undertake the particular category and value of work. Approved lists are reviewed regularly and revised based upon contractor performance and changes in financial standing and the availability of other qualified contractors. The Model Standing Orders for Local Authorities permit discretion over the obtaining of bonds for security of performance of a contract but point out that the cost of bonds is inevitably met by the client and that they should not be necessary where the firm's financial standing has been investigated and is satisfactory.

The NJCC Codes of Procedure recommend a minimum tender period of four weeks, longer for major projects, to allow the tenderer to obtain competitive quotations for materials and works to be sublet. Instructions to tenderers stipulate that clarification of any deficiencies in the tender documents should be sought during the tendering period. All tenderers are informed of any consequent amendments.

Für die Behandlung von Änderungsvorschlägen in den Angeboten der Bieter gibt es verschiedene Praktiken. Einige Auftraggeber eliminieren derartige Angebote; andere verlangen vom Bieter die Zurücknahme des Änderungsvorschlages, andernfalls jede sich daraus ergebende Preisänderung bei der Bewertung des Angebotes berücksichtigt wird. Jedoch wird im letzteren Fall das Angebot bei einer substantiellen Änderung normalerweise vom Wettbewerb ausgeschlossen.

Bei Bauaufträgen verfahren die öffentlichen Verwaltungen generell nach der *NJCC*-Empfehlung, alle Angebote mit Ausnahme der drei niedrigsten abzulehnen und die Anbieter der zweit- und drittniedrigsten Angebote darüber zu informieren, daß ihre Angebote zwar nicht die niedrigsten sind, aber in Betracht kommen könnten. Diese Praxis ermöglicht es Bietern, die sich vergeblich beworben haben, ihre Kapazitäten für andere Projekte einzusetzen.

Die Wertung der Angebote schließt generell eine Prüfung der Preise ein, um sicherzustellen, daß die enthaltenen Preise auch realistisch sind. Sofern man zu dem Schluß gelangt, daß der Preis so niedrig ist, daß ein Fehler gemacht worden ist, wird der Anbieter aufgefordert, seinen Angebotspreis zu bestätigen oder sein Angebot zurückzuziehen. In Ausnahmefällen kann eine Preisanhebung bei Vorliegen eines entschuldbaren Fehlers akzeptiert und das Angebot weiterhin berücksichtigt werden, sofern es auch dann noch das niedrigste Angebot ist.

Der Zuschlag wird dem Bieter erteilt, der das niedrigste gewertete Angebot abgegeben hat, es sei denn, daß zwingende Gründe eine Abweichung rechtfertigen.

Bei Berücksichtigung anderer Faktoren als der, die mit den Preisen zusammenhängen, wird der Auftrag an den Bieter vergeben, bei dem das Preis-Leistungs-Verhältnis insgesamt am günstigsten ist.

Vergabeverfahren

Im öffentlichen Sektor werden drei Verfahren bei der Vergabe von Aufträgen angewandt, nämlich:
– *Open Tendering*
  (Öffentliche Ausschreibung)
– *Selective Tendering*
  (Beschränkte Ausschreibung), und
– *Negotiated Contract*
  (Freihändige Vergabe).

Die Ministerien und auch die verstaatlichten Industrien wenden seit einiger Zeit die beiden letztgenannten Verfahren und nur ausnahmsweise das erste Verfahren an. Wegen der Überbetonung öffentlicher Rechenschaftspflicht haben die Kommunalverwaltungen früher jedoch den Großteil ihrer Aufträge über Öffentliche Ausschreibungen vergeben. Erst in den letzten Jahren sind die meisten Kommunalverwaltungen für den größten Teil ihrer Aufträge zu der Beschränkten Ausschreibung übergegangen.

Various practices are adopted for the treatment of qualifications included in tenders. Some contracting authorities eliminate qualified tenders; others require tenderers to withdraw such qualifications and any price change stipulated is taken into account in the tender assessment. However, in the latter case, if the qualification is substantial the tender will normally be eliminated from the competition.

In respect of construction works contracts, contracting authorities have generally adopted the NJCC recommendations of rejecting all but the lowest three tenders and informing the second and third lowest tenderers that their tenders are not the most favourable but may receive further consideration. This practice enables unsuccessful tenderers to commit their resources to other projects.

The assessment of tenders generally includes examination of prices to ensure that they are realistic. If it is considered that a price is so low that an error has been made the tenderer will be asked to confirm his price or withdraw his offer. Exceptionally an increase in price may be accepted where the error is considered to be genuine and the tender still considered provided it remains the lowest.

The contract is awarded to the tenderer who submitted the lowest assessed tender unless there are cogent reasons for doing otherwise.
Where factors other than price are to be taken into account the contract will be awarded to the tenderer whose tender offers the best overall value for money.

Awarding Procedure

There are three procedures in use in the public sector for awarding contracts:

– Open Tendering,

– Selective Tendering, and

– Negotiated Contract.

Government departments and nationalized industries have for a considerable time used the last two procedures, and only exceptionally the first procedure. Local authorities, however, for reasons of overemphasis on public accountability used to award the bulk of their contracts by open tendering. Only in recent years have most local authorities adopted selective tendering for the majority of their contracts.

a) Öffentliche Ausschreibung

Die Verfahrensregelungen des *Department of the Environment* für den kommunalen Wohnungsbau stellen den allgemeinen Grundsatz auf, daß das Verfahren der Öffentlichen Ausschreibung aus folgenden Gründen nicht zu empfehlen ist:
- Niedrige Preise können zu qualitativ schlechten Bauten führen.
- Unwirtschaftliche Angebote können zu finanziellen Zusammenbrüchen führen, die für die Behörde zusätzliche Kosten und Verzögerungen bedeuten.
- Qualifizierte Arbeitskraft wird vergeudet, wenn zu viele Angebote geprüft werden müssen; die Kosten erfolgloser Angebote werden in die folgenden Angebote eingebracht und
- es ist falsch, einem Unternehmen zu gestatten, ein Angebot einzureichen, wenn das Unternehmen ungeeignet ist und keine Aussichten hat, den Auftrag zu bekommen. Dies kann dazu führen, daß die Behörde in die schwierige Situation gerät, das niedrigste Angebot aussondern zu müssen.

Daher wird die Beschränkte Ausschreibung entweder auf der Grundlage einer Ständigen Unternehmerliste oder einer Ad-hoc-Unternehmerliste empfohlen.

Die Allgemeinen Anweisungen der Kommunen müssen kraft Gesetzes im Falle der öffentlichen Ausschreibung festlegen:
- die Mindestfrist für den Eingang der Angebote; sie muß in den Bekanntmachungen angegeben sein, die in einer oder in mehreren örtlichen Zeitungen und – wenn angezeigt – in Fachzeitschriften veröffentlicht werden, ferner
- den Inhalt solcher Bekanntmachungen.

b) **Beschränkte Ausschreibung**

Die beiden möglichen Verfahren, die vom *National Joint Consultative Committee* für Hochbauaufträge festgelegt sind, sind:
- *single stage selective tendering*
(Einstufige Beschränkte Ausschreibung) und
- *two-stage selective tendering*
(Zweistufige Beschränkte Ausschreibung).

Diese Verfahren sind vom *Department of the Environment* für den kommunalen Wohnungsbau empfohlen und sind in den eigenen Verfahrensvorschriften des *Department of the Environment* enthalten. Die verstaatlichten Industrien wenden im allgemeinen Verfahren an, die der *NJCC*-Einstufigen Beschränkten Ausschreibung ähneln. Die Zweistufige Beschränkte Ausschreibung wird gelegentlich von Kommunen und der *Property Services Agency* angewandt.

Das Verfahren der Einstufigen Beschränkten Ausschreibung ist nur für vorgeplante Entwürfe geeignet, bei denen das Unternehmen keine Planungsaufgabe übernimmt.

Das Verfahren der Zweistufigen Beschränkten Ausschreibung wurde für die Fälle entwickelt, in denen es wünschenswert ist, ein Unternehmen vor der endgültigen Planungsfestlegung auszuwählen, um so den Rat des Unternehmens für die Entwicklung des Plans zu erhalten. Bei diesem Verfahren umfaßt die erste Stufe die Auswahl des Un-

a) **Open Tendering**

The DOE Code of Procedure for Local Authority Housebuilding states the generally held view that open tendering is not advocated for the following objections:

- Low prices may result in bad building.
- Uneconomic bids can lead to financial failure with added cost and delay to the authority.
- Professional resources are wasted on tender assessments when too many firms tender and abortive costs will be reflected in subsequent contracts, and

- in principle it is wrong to permit a firm to tender where it is unsuitable and has no chance of obtaining the contract; this can place the authority in the difficult position of passing over the lowest tender.

Selective tendering either from a Standing List or Ad Hoc List of contractors is, therefore, advocated.

The standing orders of local authorities must by law state in the case of open tendering:
- the minimum period for the receipt of tenders that may be included in public notices which shall be published in one or more local newspapers and – where appropriate – trade journals, and
- the content of such notices.

b) **Selective Tendering**

The two acceptable procedures drawn up by the National Joint Consultative Committee for building contracts are:
- single stage selective tendering, and

- two-stage selective tendering.

These procedures have been recommended by the DOE for local authority building works and are incorporated in the DOE's own procedures. The nationalized industries generally operate procedures similar to the NJCC single stage procedure. The two-stage procedure is occasionally used by local authorities and the Property Services Agency.

The single stage selective tendering procedure is only appropriate for use with pre-planned schemes where no design responsibility is borne by the contractor.

The two-stage selective tendering procedure has been developed for use where it is desirable to select a contractor before the scheme has been fully designed so that the contractors's advice may be sought for the development of the design. For this procedure the first stage will comprise appointment of the contractor by selective tendering against

ternehmens im Wege der Beschränkten Ausschreibung auf der Grundlage vorläufiger Zeichnungen und Skizzen zusammen mit einem Leistungsverzeichnis und Listen der ungefähren Mengen.

Nach Beendigung der detaillierten Planung umfaßt die zweite Stufe Verhandlungen mit dem Unternehmer über eine zu vereinbarende Vertragssumme auf der Grundlage der detaillierten Zeichnungen und der dazu gehörenden Leistungsverzeichnisse. Wird keine Übereinstimmung mit dem Unternehmen über den Preis erzielt, werden die Verhandlungen mit dem zweitniedrigsten Bieter der ersten Stufe fortgeführt, oder es werden erneut wettbewerbliche Angebote eingeholt.

Ein potentieller Nachteil der zweistufigen Auswahl liegt darin, daß die mit dem für die erste Stufe ausgewählten Unternehmen erarbeiteten Pläne für andere Unternehmen nicht geeignet sein können. Daher könnte eine fehlende Übereinkunft zur zweiten Stufe zu Verzögerungen führen und die Gesamtkosten belasten.

Die Regelungen der ersten Stufe sollen Bestimmungen über die Erstattung der dem Unternehmen der Stufe eins nach Auftragserteilung entstandenen Kosten für den Fall enthalten, daß der Auftrag der Stufe zwei nicht diesem Unternehmen erteilt wird.

Die empfohlene Anzahl der Anbieter schwankt je nach Größe und Komplexität des Auftrags bis zu einer Höchstzahl von acht, wobei eine geringere Zahl bei sehr großen Aufträgen (über £1 Mio.) oder bei spezialisierten Arbeiten empfohlen wird, bei denen die Angebotskosten hoch sein können. Die Bieter werden entweder aus überprüften Listen ausgewählt oder aus Ad-hoc-Listen, die nach öffentlicher Bekanntmachung, in der qualifizierte Bieter zur Bewerbung um die Aufnahme in die Bieterliste eingeladen werden, aufgestellt werden.

Wenn das niedrigste Angebot die zugewiesenen Mittel überschreitet, empfehlen die Verfahrensregelungen, eine vertragliche Preisminderung zu suchen. Wenn diese Verhandlungen fehlschlagen, sollen Verhandlungen mit dem zweitniedrigsten Bieter gesucht werden, und wenn diese nicht erfolgreich sind, mit dem drittniedrigsten Bieter. Wenn alle Verhandlungen erfolglos bleiben, können neue Angebote eingeholt werden.

c) **Freihändige Vergabe**

Gemäß den Verfahrensregelungen des *Department of the Environment* ist die Freihändige Vergabe in den Fällen zulässig, in denen ein Wettbewerb irgendwelcher Art vorher stattgefunden hat, z. B. bei Wiederholungsaufträgen und bei Zweistufiger Beschränkter Ausschreibung, wobei jedoch empfohlen wird sicherzustellen, daß die zugrundegelegten Preise nicht älter sind als zwei Jahre. Freihändige Vergaben können in anderen Ausnahmefällen zugelassen werden, z. B. in Fällen, in denen der Wettbewerb nicht zur Abgabe von akzeptablen Angeboten geführt hat, wobei jedoch grundsätzlich die vorherige Zustimmung des *Department of the Environment* eingeholt werden muß.

Obwohl es die grundsätzliche Vergabepolitik der Ministerien und verstaatlichten Industrien ist, wettbewerbliche Angebote einzuholen, gibt es Fälle, in denen zu Freihändigen Vergaben oder nicht wettbewerblichen Aufträgen ausgewichen werden muß, z. B.
— im Falle des Erwerbs von gesetzlich geschützten Artikeln *(proprietary articles)* oder wenn nur ein Unternehmen die erforderliche Technologie oder Quellen hat,

preliminary drawings and sketch plans accompanied by a specification and bills of approximate quantities.

On completion of the detailed design the second stage entails negotiation with the contractor of an agreed contract sum against the detailed drawings and associated bills of quantities. Where there is failure to reach agreement with the contractor on price, negotiation with the second lowest tenderer of stage one takes place or competitive tenders are reinvited.

The acknowledged potential drawback of two-stage selection is that the designs worked out with the contractor selected for stage one may not be suitable for any other contractor. Failure to agree at stage two could therefore cause delay and affect overall costs.

The stage one arrangements should include provision for reimbursement of the contractor's costs incurred after appointment where stage two is not awarded to that contractor.

The recommended number of tenderers varies with the size and complexity of the contract to a maximum of eight with fewer for very large contracts (over £1M) or for specialist work where tender costs may be high. Tenderers are selected from Approved Lists or from Ad Hoc lists prepared following public notice inviting suitably qualified contractors to apply for inclusion on the tender list.

Where the lowest assessed tender exceeds the allocated budget the procedures recommend that a negotiated reduction should be sought. If these negotiations fail negotiations should proceed with the second lowest tenderer and, if not successful, with the third lowest tenderer. If all negotiations fail, then new tenders may be called for.

c) **Negotiated Contracts**

Under the DOE Code of Procedure negotiation is acceptable where there has been some form of previous competition e. g. continuity contracts and two-stage selective tendering, but it advocates that the base prices should not be more than two years old. Negotiation can be allowed in other exceptional cases e. g. where competition has failed to produce any acceptable tender, but the prior agreement of the DOE in principle must be obtained.

Although the basic policy of government departments and nationalized industries is to seek competitive tenders, there are occasions when negotiated or non-competitive contracts are resorted to, e. g.:
— in the case of purchase of proprietary articles or where only one contractor has the necessary technology or resources,

- aus Gründen der Dringlichkeit oder Sicherheit oder
- wenn es unpraktisch ist, Arbeiten auf der Baustelle einem anderen Unternehmen zu übertragen.

Es wird geschätzt, daß beispielsweise ungefähr 65% des Wertes der vom *Ministry of Defence* 1982 bis 1983 vergebenen Aufträge, die sich auf die Summe von £4 Mrd. belaufen, nicht auf wettbewerblicher Grundlage vergeben worden sind. Dieses Verhältnis ist deutlich geringer für andere Ministerien.

d) **Verfahren der Angebotsabgabe**

Im allgemeinen fordern die Verfahren, die von öffentlichen Auftraggebern angewandt und in den *NJCC*-Verfahrensregelungen für die Beschränkte Ausschreibung festgelegt sind, daß
- Angebote zu einem bestimmten Zeitpunkt eingereicht sein müssen;
- verspätete Angebote zurückgewiesen oder andererseits nur zugelassen werden müssen, wenn offensichtlich ist, daß sie für den Postlauf ausreichend lange vor Ablauf der Angebotsfrist aufgegeben worden sind;
- Angebote über einen festen Zeitraum ihre Gültigkeit haben sollen. Nach englischem Recht, aber nicht nach schottischem Recht, kann der Bieter sein Angebot vor Annahme jederzeit zurückziehen, es sei denn, daß eine Gegenleistung für eine zeitliche Bindung gewährt worden ist (was selten vorkommt);
- die eingegangenen Angebote unter Verschluß gehalten und so bald wie möglich nach dem letzten Zeitpunkt für den Eingang von Angeboten geöffnet werden;
- ein unabhängiger Beamter an der Öffnung der Angebote teilnimmt, die nicht öffentlich ist und bei der Bieter nicht zugelassen sind. Ein Verzeichnis der eingegangenen Angebote wird aufgestellt.

Einige Ministerien der Regierung können jedoch ein verspätetes Angebot prüfen, wenn sich daraus ein Preis- oder anderer Vorteil ergibt, aber sie müssen in einem solchen Fall anderen Bietern Gelegenheit geben, ihre Preise zu revidieren.

Vertragsgestaltung

Die beiden Formen für den Abschluß eines Vertrages sind:
- Austausch von Korrespondenz und
- förmlicher Vertrag (Vertragsurkunde).

Bei der ersten Form kommt der Vertrag zwischen den Parteien zustande durch das Angebot und die Annahme des Angebots, zusammen mit der maßgebenden Korrespondenz. Im Verlauf der Beurteilung der Angebote ergeben sich im allgemeinen Fragen zur Klärung des Angebots oder Verhandlungen über Änderungen; die Ergebnisse solcher Anfragen oder Verhandlungen werden in dem Annahmeschreiben festgehalten. Nach englischem Recht kommt der Vertrag in dem Zeitpunkt zustande, in dem das Zuschlagsschreiben bei der Post aufgegeben wird.

Bei der zweiten Form wird ein formeller Vertrag aufgesetzt, in dem alle relevanten Dokumente aufgeführt sind und der von beiden Vertragsparteien unterzeichnet wird.

- because of urgency or security, or
- because of the impracticality of placing additional site work with another contractor.

It is estimated for example that approcimately 65 % in value of contracts placed by the Ministry of Defence in 1982 – 83 amounting to some £4,000M were on a non-competitive basis. The proportion is generally significantly less for other departments.

d) **Tendering Procedure**

In general the procedures used by contracting authorities and set down in the NJCC Codes of Selective Tendering stipulate that:

- tenders must be received by a fixed time,
- late tenders must be rejected or alternatively admitted only where there is clear evidence of posting in sufficient time to arrive by the fixed time in the ordinary course of delivery,
- tenders shall remain valid for a fixed period; under English Law, but not Scots Law, the tenderer may withdraw his tender at any time prior to acceptance, unless consideration has been given in exchange for a binding validity period (rarely applicable),

- tenders received are kept secure and opened as soon as possible after the latest time for receipt of tenders, and
- an independent officer attend the opening, which is not in public nor are tenderers allowed to be present; a record is kept of tenders received.

Some government departments, however, may consider a late tender where there is a price or other advantage but will in such case give other tenderers the opportunity to revise their tenders.

Formation of Contract

The two methods used to make a contract are:
- exchange of correspondence, and
- formal Agreement.

In the first method the tender and its acceptance together with other relevant correspondence is relied on as constituting the contract between the parties. There will generally be points raised for clarification of tenders or negotiation of qualifications, during the assessment of tenders; the agreed outcome will be recorded in the letter of acceptance. Under English Law the contract is formed when the letter of acceptance is posted.

In the second method a formal Agreement is drawn up containing all the relevant documents and is signed by both parties. Where amendments have been agreed to the

Bei vereinbarten Änderungen zur Leistungsbeschreibung bei den Vertragsbedingungen oder anderen maßgebenden Unterlagen müssen diese Änderungen entweder in die Originalschriftstücke aufgenommen oder gesondert in einer beigefügten Korrespondenz aufgeführt werden.

Normalerweise sind solche formellen Verträge sogenannte einfache Verträge, d. h. Verträge, die von den Vertragsparteien ohne weitere Formalitäten unterzeichnet werden. Gemeinden verlangen jedoch im allgemeinen, daß alle wesentlichen Bauaufträge als sogenannte gesiegelte Verträge geschlossen werden. Der Hauptunterschied besteht darin, daß die Verjährungsfrist nach dem *Limitation Act* 1980 (Gesetz über Verjährung von 1980) bei einfachen Verträgen sechs Jahre und bei gesiegelten Verträgen zwölf Jahre beträgt.

Nicht berücksichtigte Angebote

Sobald ein Auftrag vergeben worden ist, werden die Anbieter, die sich vergeblich beworben haben, formell davon in Kenntnis gesetzt, daß sie nicht erfolgreich waren.

Außerdem stellen einige Kommunalverwaltungen allen Bietern eine Liste der Angebotspreise in betragsmäßiger Reihenfolge sowie eine getrennte Liste mit alphabetischer Reihenfolge der Bieter zur Verfügung (*NJCC*-Verfahren). Andere Kommunalverwaltungen veröffentlichen lediglich in der örtlichen oder technischen Presse Einzelheiten über das erfolgreiche Angebot. Ministerien der Zentralregierung und die verstaatlichten Industrien unterrichten im allgemeinen weder die Bieter noch veröffentlichen sie Angebotspreise. Sie sind jedoch bereit, mit Anbietern, die sich vergeblich beworben haben, darüber zu reden, warum ihr Angebot keinen Erfolg hatte. Die *Property Services Agency* verfährt nach dem *NJCC*-Verfahren.

Bestandteile des Vertrages

Die Verträge über Lieferungen oder Bauarbeiten bestehen u. a. aus den folgenden Dokumenten:
- *Specification*
(Leistungsbeschreibung)
- *Conditions of Contract*
(wesentliche Vertragsbestimmungen)
und bei Bauaufträgen auch
- *Bills of Quantities*
(Leistungsverzeichnis)
- *Drawings*
(Zeichnungen).

Hinzu kommen die von den Bietern eingereichten Preise oder Preisstaffeln sowie andere relevante Teile der Ausschreibungsunterlagen.

a) **Leistungsbeschreibung**

Es gibt keinen festgelegten Umfang der Leistungsbeschreibung. Im allgemeinen jedoch enthält dieses Dokument

specification, conditions of contract or other relevant documents, these may be either consolidated into the original documents or recorded separately in attached correspondence.

Usually such formal Agreements are under hand, i. e. signed by the parties without further formality. Local authorities, however, generally require all substantial building contracts to be executed under seal. The main difference is that under the Limitation Act 1980 the period for the limitation of actions is six years from the time the cause of action arose for contracts under hand and twelve years for contracts under seal.

Unsuccessful Tenders

As soon as a contract has been awarded, the unsuccessful tenderers are formally notified that they have been unsuccessful.

In addition, some local authorities provide all tenderers with a list of the tender prices in value order and a separate list of tenderers in alphabetical order (NJCC Procedure): other local authorities only publish details of the successful tender in the local or technical press. Central government departments and the nationalized industries do not generally notify tenderers of or publish tender prices. They are, however, prepared to discuss with unsuccessful tenderers the reasons why they were unsuccessful. The Property Services Agency follows the NJCC Procedure.

Elements of the Contract

Contracts for supplies and construction works usually comprise, inter alia, the following documents:
– Specifications,

– Conditions of Contract,

and in the case of construction works
– Bills of Quantities, and

– Drawings.

In addition there will of course be the prices or priced schedules submitted in tenders and any other relevant parts of the tender document.

a) The Specification

There is no set content for specifications. In general, however, this document will contain:

- die Beschreibung der Arbeiten oder Lieferungen,
- die besonderen technischen Vorschriften sowie die Qualitäten der erforderlichen Baustoffe oder anderen Materialien (Bau- und Materialnormen),
- Einzelheiten über den Standort, den Zugang und die Einrichtungen sowie Forderungen des öffentlichen Auftraggebers hinsichtlich der Vorlage von Berichten über den Fortgang der Arbeiten oder der Vorlage anderer Berichte oder Dokumente.

Wenn die Arbeiten nicht völlig vorausgeplant sind, soll der Umfang der Arbeiten so genau wie möglich in der Leistungsbeschreibung festgelegt werden.

Die Regierung hat den öffentlichen Auftraggebern dringend nahegelegt, ihre Anforderungen bei Lieferverträgen in Form von Funktionsvorgaben und nicht in Form von detaillierten Konstruktionsvorgaben anzugeben. Dadurch wird die Wirtschaft besser in die Lage versetzt, bestehende eigene Konstruktionen anzubieten, die einen größeren Anwendungsmarkt finden. Damit dürfen auch bessere Angebotspreise erreichbar sein.

Das 1982 *White Paper – Standards, Quality and International Competitiveness* (Weißbuch von 1982 – Normen, Qualität und internationale Wettbewerbsfähigkeit) fordert für die Beschaffungspolitik der Regierung, daß bei Beschaffungen der Regierung die Beschreibung die Bezugnahme auf Normen begünstigen sollten, seien es britische oder fremde, die im allgemeinen auf den Weltmärkten angenommen sind, und zwar mit dem Ziel, die Vielfalt der Beschaffungsbeschreibungen zu reduzieren und stattdessen die Leistungsbeschreibung auf Normen zu reduzieren, die die industrielle Effizienz fördern und die Rentabilität und Produktivität erhöhen.

b) Vertragsbestimmungen

Die aufgestellten speziellen Vertragsbestimmungen sind normalerweise die o. a. erwähnten Muster- oder Allgemeinen Vertragsbedingungen, zusammen mit den normalen Änderungs- oder Ergänzungsklauseln des öffentlichen Auftraggebers. Weitere Änderungs- oder Ergänzungsklauseln können unter besonderen Umständen aufgeführt werden.

Bei Bauarbeiten, die dem Aufmaß unterliegen, geben die Vertragsbestimmungen (oder die Leistungsbeschreibung) die anzuwendende Methode für das Aufmaß an, z. B. die von dem *Institute of Civil Engineers* (Vereinigung Britischer Bauingenieure) herausgegebene *Standard Method of Measurement for Civil Engineering Works* (Standardaufmaßregelungen für Ingenieurbauten).

c) Leistungsverzeichnis

Das Leistungsverzeichnis hat eine doppelte Funktion: Einerseits dient es dazu, Einzelheiten über Art und Umfang der Arbeiten darzulegen, und andererseits bietet es eine Grundlage für die Bewertung von Arbeiten, die dem Aufmaß unterliegen, oder auch für Verhandlungen über mögliche von dem öffentlichen Auftraggeber erwünschte Änderungen an der Leistungsbeschreibung. Im allgemeinen findet es nur bei Bauarbeiten Verwendung, kann aber auch bei anderen Aufträgen wie z. B. Verkabelungsarbeiten oder Rohrverlegungsarbeiten verwandt werden.

- the description of the works or supplies,
- the particular technical regulations and building or material standards required, and

- details of site location, access and facilities and client requirements for contractor progress reports and other returns or documentation.

For construction works where the works have not been completely pre-planned the specification will set down the scope of the works as accurately as is possible.

The government has urged contracting authorities to state their requirements for supplies in performance terms rather than in detailed designs. In this way industry is more able to offer existing proprietary designs which will have application to a wider market. More economical tender prices should also be obtained.

The 1982 White Paper – Standards, Qualitiy and International Competitiveness stated that central government procurement specifications should encourage reliance on standards, whether British or foreign, which are generally accepted in world markets with the object of reducing the multiplicity of procurement specifications and thereby promote industrial efficiency and increase profitability and productivity.

b) Conditions of Contract

The particular conditions of contract stipulated will usually be one of the standard or general forms referred to above together with the standard amendments or supplementary clauses of the contracting authority. Further amendments or supplementary clauses may be specified to suit particular circumstances.

Where the works are subject to remeasurement the conditions of contract (or specification) will state the particular method of measurement to apply e. g. The Standard Method of Measurement for Civil Engineering Works issued by the Institution of Civil Engineers.

c) Bill(s) of Quantities

Bill(s) of Quantities have two functions, firstly to provide details of the extent and nature of the works and secondly to provide a basis for valuation where the works are subject to remeasurement or otherwise for the negotiation of changes by the client to the specification. In general their use is confined to construction works but they may be adopted for other categories of contracts such as cabling and pipework.

d) **Zeichnungen**

Die in den Angebotsdokumenten enthaltenen Zeichnungen ergänzen die Leistungsbeschreibung und gegebenenfalls auch das Leistungsverzeichnis. Bei Arbeiten, die einem Aufmaß unterliegen, sind diese Zeichnungen normalerweise Darstellungen der allgemeinen Anordnung der Arbeiten, in denen die Art, die Form und die Einteilung der Arbeiten allgemein angegeben wird. Detaillierte Bauzeichnungen werden dem die Arbeiten ausführenden Unternehmen im Verlauf der Arbeiten zur Verfügung gestellt.

- **Rechte und Pflichten der Vertragsparteien bei der Ausführung der Aufträge**

In den vorangegangenen Abschnitten war Bezug genommen worden auf eine Anzahl von Musterbedingungen oder Allgemeine Vertragsbedingungen, die in Aufträge aufgenommen werden, die von den zentralen Ministerien, den Kommunalverwaltungen und den staatlichen Industrieunternehmen vergeben werden. Die wesentlichen sind oder basieren auf:

Bau:
- *JCT Standard Forms*
  (*JCT*-Mustervertragsbedingungen)
- *ICE Conditions of Contract, 5th Edition*
  (*ICE*-Mustervertragsbedingungen)
- *GC/Works/1*
  (*GC*-Bauarbeiten)

Lieferungen ausschließlich:
- *GC Stores/1*
  (*GC*/Lieferungen/*1*)

- C 1200 (*December* 1972)
  Model Form A
  (C 1020 [Dezember 1972]
  Musterform A.)

Diese Bedingungen legen die Rechte und Pflichten sowie die speziellen Risiken fest, die von jeder Partei zu tragen sind. Wichtige darin enthaltene Regelungen beziehen sich auf die Auftragserteilung, die Zahlung, die Zufahrt zur Baustelle, die Haftung für Verzug und für mangelhafte Arbeit oder mangelhaftes Material.

Es gibt beträchtliche Unterschiede zwischen diesen verschiedenen Musterbedingungen, die aus den veröffentlichten Texten und Kommentaren zu ersehen sind. Jedoch erhalten sie eine Anzahl von ähnlichen Regelungen.

In den Verträgen der vorstehend behandelten Vertragsbedingungen wird der öffentliche Auftraggeber in seiner Eigenschaft als Kunde, als Käufer, Auftraggeber oder als Behörde bezeichnet. Nachstehend wird der Ausdruck Auftraggeber verwandt.

Bauüberwachung/Bauleitung

In allen Fällen, mit Ausnahme bei Anwendung von *GC/Stores/1*, wird der Auftrag durch eine vom Auftraggeber ernannte Person überwacht – dem Bauleitenden Architek-

d) **Drawings**

Drawings included in tender documents supplement the specification and, as the case may be, the Bill(s) of Quantities. Where the works are subject to remeasurement these drawings will usually take the form of general arrangement drawings indicating the general character, shape and disposition of the works; detailed construction drawings then being provided to the contractor as the works proceed.

– Rights and Obligations of the Contracting Parties in the Execution of Contracts

In the preceding sections references were made to a number of standard forms of general conditions of contract incorporated into contracts placed by central government departments, local authorities and the nationalized industries. The most significant are, or are based on:

Construction:
– JCT Standard Forms

– ICE Conditions of Contract, 5th Edition

– GC/Works/1

Supply only:
– GC/Stores/1

Supply & Install:
– C1020 (December 1972)
Model Form A

These forms set down the rights and obligations of the parties and the particular risks to be borne by each party. Significant provisions included relate to ordering of the works, payment, access to site, liabilitites for late performance and for defective work or materials.

There are considerable differences between these various forms, and the interested reader should refer to published commentaries and texts. However, they contain a number of similar provisions.

In contracts subject to the above forms, the contracting authority as client will by definition be referred to as the Purchaser, the Employer or the Authority. The term contracting authority is used below.

Administration

In all the forms, with the exception of GC/Stores/1, the contract is administered by a person appointed by the contracting authority – the Architect (JCT), the Engineer (ICE

ten (*JCT*), dem Bauleitenden Ingenieur (*ICE* und *Model Form A*) oder dem Oberbauleiter (*GC/Works/1* und *C* 1020).

Dieser Bauleiter, der als Vertreter des Auftraggebers handelt, hat eine bedeutende Funktion und ist verantwortlich für:
- die Billigung aller vertraglichen Zeichnungen, die der Unternehmer vorgelegt hat;
- die Erteilung von Instruktionen an den Auftragnehmer im Hinblick auf die Form, die Menge oder die Qualität der Arbeiten (sofern der Auftragnehmer für die Zeichnung verantwortlich ist, beschränken sich solche Instruktionen auf Änderungen der Leistungsbeschreibung);
- die Kontrolle der Arbeiten bei der Herstellung oder auf der Baustelle und die Zurückweisung von mangelhaften Arbeiten oder mangelhaftem Material;
- die Bewertung der Arbeiten in Übereinstimmung mit dem Vertragspreis (aber vgl. unter «Änderung der Leistung»);
- die Gewährung einer Fristverlängerung für die Ausführung der Arbeiten, wenn die Verzögerung durch Umstände hervorgerufen ist, auf die der Auftragnehmer keinen Einfluß hat;
- die Beurteilung und Feststellung von Forderungen für zusätzliche Kosten, die vom Auftragnehmer verlangt werden infolge von speziellen Umständen und Fehlern, für die der Auftragnehmer gemäß den Vertragsbedingungen verantwortlich ist.

Der ernannte Bauleitende Ingenieur oder Bauleitende Architekt, sei es eine unabhängige Person oder, wie allgemein üblich, ein Angestellter des Auftraggebers, ist gesetzlich verpflichtet, in Ausübung seiner Befugnisse zur Bewertung und Feststellung unparteiisch zu handeln, und er ist den verschiedenen Arten von Rechtsvorschriften und den Standesregelungen seiner Institution unterworfen.

Änderung der Leistung

Alle Vertragsbedingungen erlauben dem Auftraggeber, die Art der Arbeiten oder Lieferungen und – mit Ausnahme der *GC/Stores/1* – die Mengen zu verändern. Abgesehen von Musterform A gibt es keine Begrenzung im Umfang solcher Änderungen, es sei denn, daß diese Änderungen sich ausdrücklich oder konkludent aus dem Vertrag ergeben. Nach Musterform A sind die Änderungen auf 15% des ursprünglichen Vertragspreises begrenzt, es sei denn, die vorangegangene Billigung des Auftragnehmers liegt vor.

Leistungsänderungen, die qualitativ der ursprünglichen Leistung entsprechen, werden auf der Basis von Einheitspreisen oder der vertraglichen Preise berechnet oder davon abgeleitet. Entsprechen die Leistungsänderungen qualitativ nicht der ursprünglichen Leistung oder wenn die Leistungsänderung quantitativ signifikant von der ursprünglichen Menge abweicht, muß ein revidierter Einheitspreis oder ein angemessener Preis bestimmt werden.

Beendigung des Vertrages

a) Leistungsstörung durch den Auftragnehmer

Alle Vertragsbedingungen erlauben dem Auftraggeber, den Auftrag ganz oder zum Teil zu beenden, wenn der Auftragnehmer in der Ausführung der Arbeiten in Verzug ist, zah-

and Model Form A) or the Superintending Officer (GC/Works 1 & C 1020).

This administrator acting as the agent of the contracting authority is responsible for:

- the approval of all contractual drawings submitted by the contractor,
- the issue of instructions to the contractor on the form, quantity or quality of the works (where the contractor is responsible for the design, such instructions will be limited to changes to the specification),

- the inspection of the works in manufacture or on site and the rejection of defective work or material,
- the valuation of the works in accordance with the contract prices (but see 'variations' below);
- the granting of extensions to the time set for the performance of the works where delay is caused by circumstances outside the control of the contractor, and

- the assessment and certification of claims for additional costs incurred by the contractor arising from specified circumstances or defaults for which the contracting authority is liable under the terms of the contract.

The Engineer or Architect appointed, whether an independent person or, as is more usual, an employee of the contracting authority, is required at law to act impartially in exercising his powers of valuation and certification and is subject to the by-laws, regulations and code of conduct of his professional institution.

Variations

Each form permits the contracting authority to vary the specification of the works or supplies and, with the exception of GC/Stores/1, the quantities. Apart from Model A, no limit is set on the extent of such variations except that explicitly or implicitly the variations must be within the scope of the contract. Model Form A limits the extent of variations to 15 % of the original contract price unless the prior approval of the contractor is obtained.

Varied work, where similar to the original work, is priced on the basis of rates or prices contained in the contract or prices derived therefrom. Otherwise, or where the extent of varied work is significantly different to the original quantity, a revised rate or fair price will be determined.

Termination

a) Default by Contractor

All of the forms permit the contracting authority to terminate the contract in whole or in part where the contractor is dilatory in proceeding with the works, commits an act of

lungsunfähig wird, die Sicherheitsbestimmungen verletzt (bei Aufträgen der Regierung) oder Betrügereien (bei Aufträgen der Regierung und Aufträgen der Kommunen) begeht.

b) Beendigung ohne Leistungsstörung

Die Vertragsbedingungen *GC/Works/1* (Bauarbeiten) und *GC/Stores/1* (Lieferungen) enthalten Regelungen für die Beendigung nach Belieben des Auftraggebers, d. h. ohne Leistungsstörung durch den Auftragnehmer.

Dem Auftragnehmer werden dabei das Material und die erbrachten Arbeiten angemessen vergütet; für eingegangene Verpflichtungen, die einen unvermeidbaren Verlust für ihn bedeuten, erhält er Ersatz. Eine zusätzliche Pauschale kann gezahlt werden, wenn Schwierigkeiten auftreten.

Einige verstaatlichte Industrien nehmen in ihre Vertragsbedingungen eine ähnliche Vorschrift auf.

Schadensersatz bei verspäteter Leistung – Vergütung für vorzeitige Erfüllung

Alle Vertragsbedingungen mit Ausnahme von *GC/Stores/1* (GC/Lieferungen/1) enthalten Regelungen für die Zahlung von pauschaliertem Schadensersatz im Falle verspäteter Leistung. Falls jedoch ein Ministerium der Regelung mit einem Schaden als Folge verspäteter Lieferung rechnet, ergänzt es die *GC/Stores/1* durch eine Klausel, die den im Falle verspäteter Leistung zu zahlenden pauschalierten Schadensersatz festlegt.

Nach englischem Recht muß ein solch pauschalierter Schadensersatz eine echte Voraussetzung der Kosten sein, die dem Auftraggeber durch die verspätete Leistung des Auftragnehmers entstehen; der Anspruch ist nicht vollstreckbar, wenn er gleichbedeutend mit einer Vertragsstrafe ist.

Obwohl keine dieser Vertragsbedingungen Regelungen für die vorzeitige Erfüllung enthält, können die Auftraggeber solche Regelungen als Anreiz einfügen, wenn für sie eine frühere Erfüllung von Wert ist.

Dem *DOE Code of Procedure* (Verfahrensregelungen des Umweltministeriums) zufolge ist in einer Beschleunigungsvergütung für vorzeitige Erfüllung kein wesentlicher Nutzen zu sehen. Ein Nachteil liegt darin, daß die Arbeiten möglicherweise oberflächlich ausgeführt werden, es sei denn, die Arbeiten werden sehr intensiv beaufsichtigt. Außerdem können Vorkehrungen für solche Vergütungen nicht durch Kreditzusagen oder Wohnungsbauhilfen abgedeckt werden, wenn dafür nicht eine Ausnahmegenehmigung im Rahmen des *Housing Rents and Subsidies Act* 1975 (Wohnungsmieten- und Subventionsgesetz von 1975) erteilt wird.

Das *Department of the Environment* hat jedoch für Verträge über die Reparatur von Autostraßen mit ermutigenden Erfahrungen in der Laufzeit der Verträge ein System von Anreizen in Form von Vergütung einerseits und Vertragsstrafen andererseits eingeführt.

Unteraufträge

Alle Vertragsbedingungen enthalten die Forderung, daß der Auftragnehmer keine Unteraufträge vergeben darf ohne die vorherige Billigung des Auftraggebers oder seines Be-

insolvency, commits a breach of security (central government contracts), or uses corrupt practices (central government and local authorities).

b) **Termination without Default**

Only the GC/Works/1 and GC/Stores/1 forms and derivative forms contain provisions for termination at the convenience of the contracting authority, i.e. without default by the contractor.

Where a contract is terminated a fair and reasonable price is paid for materials and work and the contractor indemnified against commitments that would otherwise represent an unavoidable loss. An additional allowance may be paid where hardship arises.

Some nationalized industries include a similar provision in their conditions of contract.

Damages for Late Completion/Bonus for Early Completion

All the forms with the exception of GC/Stores/1 forms contain provisions for the payment by the contractor of liquidated damages in the event of late completion. However, where a government department anticipates that it will suffer a loss as a result of late delivery of supplies it will issue a supplementary clause to GC/Stores/1 specifying the amount of liquidated damages payable in the event of lateness.

Under English Law such liquidated damages must be a genuine pre-estimate of the costs likely to be incurred by the client as a result of late completion. They will not be enforceable if tantamount to a penalty.

Although none of the forms includes provision for bonuses for early completion these may be included by a contracting authority as an incentive where early completion is of value.

The DOE Code of Procedure states that no significant benefit is seen in incentive bonuses for early completion. A disadvantage is that work may be skimped unless supervision is high. Further, the cost of bonus provisions is not admissible for loan sanction or housing subsidy unless a special determination under the Housing Rents and Subsidies Act 1975 is issued.

The DOE has, however, introduced a system of bonus/penalty incentives on motorway repair contracts with encouraging improvement in completion times.

Sub-contracts

All the forms include the requirement that the contractor may not sub-let any part of the works without the prior approval of the contracting authority or his agent administering

vollmächtigten, der den Vertrag überwacht. Die einzige partielle Ausnahme von dieser Regelung ist in den Musterbedingungen A enthalten, in denen eine solche vorherige Billigung nicht verlangt wird «für Materialien, für kleinere Teile, oder für Teile der Arbeiten, für die der Hersteller in dem Vertrag genannt ist» und in den Vertragsbedingungen GC/Stores/1 (GC/Lieferungen), «außer wenn es handelsüblich ist».

In allen Vertragsbedingungen, ausgenommen GC/Stores/1 (GC/Lieferungen/1), gibt es Regelungen, nach denen der Auftraggeber einen einzelnen Nachunternehmer auswählen oder benennen kann, um Spezialarbeiten auszuführen; der Auftragnehmer muß diese Benennung akzeptieren, es sei denn, er hat vernünftige Gegengründe. Die Verfahrensregelungen zur Benennung des Nachunternehmers in den *JCT*-Musterbedingungen legen die Verantwortlichkeit des Unterauftragnehmers für seine rechtzeitige Leistung gegenüber dem Auftraggeber fest.

Die *JCT* und die *Federation of Civil Engineering Contractors* (Verband der privaten Tiefbauunternehmer) haben in Beratung mit Nachunternehmer-Vereinigungen Musterbedingungen für Unterauftragsbedingungen veröffentlicht, die zusammen mit den Hauptbedingungen anzuwenden sind.

Gewährleistung für Mängel

Alle Vertragsbedingungen sehen vor, daß mangelhafte Arbeiten oder mangelhaftes Material zurückgewiesen werden können, bevor die Leistung abgenommen wird. Mit Ausnahme von GC/Stores/1 verlangen alle Vertragsbedingungen, daß der Auftragnehmer Mängel aufgrund fehlerhaften Materials oder fehlerhafter Arbeit zu beseitigen hat, die innerhalb einer bestimmten Zeitspanne nach Abnahme festgestellt werden. Diese Zeitspanne wird als «Wartungszeit» oder als «Gewährleistungszeit» bezeichnet.

GC/Stores/1 nimmt Bezug auf den *Sale of Goods Act* (Gesetz über den Verkauf von Waren) betreffend Anforderungen an die handelsübliche Qualität oder Eignung für den bestimmten Zweck. Spezielle Regelungen, ähnlich den oben erwähnten, sind jedoch in einigen Verträgen enthalten.

Zahlungen

Alle Vertragsbedingungen sehen Abschlagszahlungen entsprechend dem Wert des Materials und der auf der Baustelle ausgeführten Arbeiten vor (sofern einschlägig). Vorauszahlungen sind Gegenstand der Vereinbarung zwischen den Vertragsparteien und von Sicherheitsleistungen abhängig, z. B. durch Eigentumsübertragung und die Erklärung, daß die Sache frei von Rechten Dritter ist. Wenn die letztgenannte Zahlungsweise nach Vertragsabschluß vereinbart ist, wird eine Preisreduzierung ausgehandelt, um die Finanzierungskosten auszugleichen.

Der Betrag der Abschlagszahlungen ist im allgemeinen beschränkt auf 90 – 97% des Wertes der erbrachten Leistungen; der Rest, genannt *retention money* (teilweiser Einbehalt der Vergütung), wird üblicherweise in zwei Abschnitten freigegeben, zum Teil bei Beendigung der Arbeiten und der Rest bei Beendigung der Gewährleistungs- oder Wartungszeit. Der Einbehalt von Geld bedeutet Sicherheit für die Mängelbeseitigung und ist auch ein Anreiz für rechtzeitige Leistung.

the contract. The only partial exception to this rule is in Model Form A where such prior approval is not required 'for materials, for minor details, or for any part of the Works of which the makers are named in the Contract' and in GC/Stores/1 'except as is customary in the trade'.

There are provisions in all the forms, except GC/Stores/1, for the contracting authority to select or nominate the particular sub-contractor to undertake specialist work, and the contractor must accept that nomination unless he can show reasonable objection. The nomination procedures in the JCT Standard Form place responsibility for the timely performance of the nominated sub-contract on the contracting authority.

The Joint Contract Tribunal and the Federation of Civil Engineering Contractors in consultation with sub-contractor associations, have published standard forms of subcontract conditions for use with the main conditions.

Liability for defects

All the forms provide for rejection of defective work or materials prior to acceptance of the supplies or works. With the exception of GC/Stores/1 all the forms require the contractor to remedy defects caused by faulty materials or work which are found during a stipulated period following acceptance. This period is referred to as the 'maintenance period' or 'defects liability period'.

GC/Stores/1 relies on the Sale of Goods Act requirements of merchantable qualitiy of fitness for purpose. Specific provisions, similar to the above, however, are included in some contracts.

Payments

All of the forms provide for on-account payments against valuations for materials delivered and work done on site (where applicable). Payments in respect of work done prior to delivery are subject to agreement between the parties and to safeguards by way of e. g. transfer of ownership and declaration of freedom from third party liens. Where this latter type of payment is agreed to post contract, a reduction in price would be negotiated to compensate for financing costs.

The amounts of such payments are usually restricted to 90 – 97 % of the valuations; the balance called the 'retention money' is usually released in two stages, part on completion of the work and the remainder at the end of the defects liability or maintenance period. The retention money provides security for rectification of defective work and also an incentive to timely performance.

Vertragliche Ersatzansprüche

Alle Vertragsbedingungen sehen vor, daß der Auftragnehmer zusätzliche Zahlungen für Kosten, Verluste oder Ausgaben verlangen kann, die ihm durch spezielle Umstände und Fehler im Verantwortungsbereich des Auftraggebers entstanden sind.

2.4 Preisbildung bei öffentlichen Aufträgen
Politik und Praxis

Die Regierung hat beharrlich die Bedeutung des Wettbewerbs für die Sicherung fairer und vernünftiger Preise betont. Ausnahmsweise ist eine Preisregelung eingeführt, und zwar im Hinblick auf spezifische Lieferungen im medizinischen Bereich, wie er durch den **National Health Service** (Nationaler Gesundheitsdienst) vorgeschrieben ist.

Im allgemeinen decken die öffentlichen Auftraggeber den größten Teil ihres Bedarfs durch wettbewerbliche Angebote. Eine bedeutende Ausnahme ist das *Ministry of Defence*.

Preisbildung bei Freihändiger Vergabe

Um sicherzustellen, daß bei Freihändigen Vergaben angemessene Preise gezahlt werden, erzielte die Regierung 1968 mit dem *CBI* (Spitzenverband der britischen Industrie) neue Vereinbarungen über die Vergabe und Preisgestaltung bei nicht wettbewerblichen Lieferaufträgen der Regierung. Die Vereinbarung enthält vier Hauptelemente:

a) Eine neue Gewinnformel – *Profit Formula* – wurde aufgestellt, um den Auftragnehmern eine angemessene Rendite auf das aufgewendete Kapital zu gewähren, entsprechend der durchschnittlichen Rendite, die von der britischen Industrie erzielt wird.

b) Die Errichtung einer unabhängigen Überprüfungskommission – *Review Board* –
– von der ausgewählte Unternehmen zur Offenlegung aufgefordert werden, so daß die Anwendung der Gewinnformel überprüft werden kann und
– der sowohl die Regierung als auch die Auftragnehmer Verträge vorlegen können, in denen außerhalb allgemeiner Schwellen «exzessive Renditen» oder «unmäßige Verluste» gemacht worden sind, um festzustellen, ob eine Rückerstattung durch den Auftragnehmer oder eine zusätzliche Zahlung des Auftraggebers gerechtfertigt ist.
Ausnahmsweise konnte die Kommission Verträge innerhalb dieser Schwellen überprüfen, wenn offensichtlich war, daß die Preise nicht angemessen waren.

Eine neue Musterklausel Nr. 50 wurde in die *GC/Stores/1* (Musterklausel Lieferungen/1) eingeführt, um dem Verfahren der Überprüfungskommission Wirksamkeit zu geben und seine Ergebnisse für die Vertragsparteien verbindlich zu machen.

c) Die Einführung einer neuen Musterklausel Nr. 43 – *Price Fixing* (Preisfestsetzung) für nicht wettbewerbliche Vergaben, bei denen der Preis nicht bei Vertragsabschluß vereinbart worden ist, gibt der Regierung das Recht, zum Ausgleich Informationen zu erhalten, d. h. der Auftragnehmer muß für die Preisfestsetzung alle ihm verfügbaren Preisinformationen offenlegen.

d) Einführung einer neuen Musterklausel Nr. 48 (Verfügbarkeit von Informationen),

Contractual Claims

All the forms provide for extra payments for costs, loss or expense incurred by the contractor, arising from specified circumstances or defaults for which the contracting authoritiy is liable under the terms of the contract.

2.4 Pricing of Public Contracts
Policy and Practice

The Government has consistently stressed the importance of competition to ensure fair and reasonable prices. Exceptionally a pricing regulation has been introduced in respect of specific supplies such as medicines prescribed under the National Health Service.

In general public authorities obtain the majority of their requirements by competitive tender. A significant exception is the Ministry of Defence.

Pricing of Negotiated Contracts

In order to ensure that fair and reasonable prices are paid for negotiated contracts the government reached agreement with the CBI in 1968 on new arrangements for placing and pricing noncompetitive government supplies contracts. There were four main elements of the agreement:
a) A new Profit Formula was established with the aim of giving contractors a fair return on capital employed equivalent to the overall return earned by British industry.

b) The estalishment of an impartial Review Board:
– to which selected contractors would be required to make returns so that the operation of the Profit Formula could be reviewed, and
– to which either Government or Contractor could refer contracts where 'excessive' profits or 'unconscionable' losses had been made outside of agreed levels to establish whether any repayment or payment was justified.

Exceptionally, the Board could review contracts within these limits where there was evidence that the prices had not been fair and reasonable.
A new Standard Clause No. 50 was introduced into GC/Stores/1 to give effect to the Review Board procedure and to make its findings binding on the parties.

c) The introduction, where the price had not been agreed at the time of contract, of a new Standard Condition No. 43 – Price Fixing, giving the Government the right to equality of information, i. e. the contractor is required to disclose all pricing information available to him for the purposes of price fixing.

d) The introduction of a new Standard Condition No. 48 – Availability of Information,

nach der Unternehmer zur *post-costing-information* verpflichtet sind, d. h. nach der Preisbildung Informationen für folgende Zwecke zur Verfügung zu stellen:
- um die Preise der Folgeaufträge zu berechnen,
- um den Ministerien zu ermöglichen, die Genauigkeit ihrer Vorausschätzungsverfahren zu überprüfen und
- um der Überprüfungskommission Informationen über den Abschluß ausgewählter Aufträge zur Verfügung zu stellen.

Die Gewinnformel berücksichtigt die Tatsache, daß es angebracht ist, «risikoreichen» Aufträgen, d. h. Aufträgen, bei denen der erzielte Gewinn von der Leistung abhängt, einen höheren Gewinnsatz zuzuerkennen als «risikolosen» Aufträgen.

Seit dem 1. April 1984 ist die Gewinnformel Gegenstand jährlicher Überprüfung, und die vereinbarte Bezugsschwelle für die tatsächlich entstandenen Kosten liegt bei mehr als 10%, bezogen auf die Zeit der Preisfestsetzung.

Die Überprüfungskommission setzt sich aus einem Vorsitzenden und vier Mitgliedern zusammen, von denen zwei von der *Treasury* und zwei von dem *CBI* ernannt werden. Die Überprüfungskommission veröffentlicht einen jährlichen Bericht über ihre Arbeit.

Die o. a. Regelungen über die Preisbildung gelten auch für nicht wettbewerbliche Unteraufträge; sie gelten jedoch nicht für Aufträge und Unteraufträge mit geringem Wert (normalerweise unter £25.000) und in Fällen, in denen es einen wettbewerblichen allgemeinen Marktpreis gibt.

Im Falle des *Ministry of Defence* wird der Vertragspreis von den Vertragsabteilungen ausgehandelt, und zwar entsprechend dem Eingang der Berichte
- der Dienststellen des Rechnungswesens, die die Buchhaltung des Unternehmens prüfen und die angemessenen Stundenlohnsätze, die Höhe der Fertigungsgemeinkosten und die Gewinnsätze festsetzen,
- des Technischen Stabes – *Technical Cost* –, der das Kalkulationswesen und die Kalkulation der Produktionskosten des Unternehmers prüft.

Wenn der Vertrag von der endgültigen Vereinbarung des Preises abgeschlossen wird, wird im Hinblick auf Abschlagszahlungen ein vorläufiger Preis festgesetzt.

Für die von den Kommunen oder verstaatlichten Industrien vergebenen Aufträge gibt es keine derartigen formalen Regelungen.

Vertragsarten

Es gibt eine Reihe von Vertragsarten, die von öffentlichen Auftraggebern und anderen Auftraggebern angewandt werden, nach denen die zu zahlende Vergütung auf bestimmte Weise berechnet wird. Die wesentlichen sind:

Lump Sum Contract –Vertrag mit Pauschalpreisen

- für Bauarbeiten oder Lieferungen, die gut definiert sind und nur einer begrenzten Änderung innerhalb bekannter Technologie unterliegen. Mit dem Vertragspreis werden alle vertraglichen Leistungen abgegolten (vgl. aber unten).

under which contractors are required to make available 'post-costing information', i.e. information arising after the fixing of prices, for the purpose of:
- pricing of follow-on contracts,
- enabling Government departments to check the accuracy of their estimating procedures, and
- providing information to the Review Board on the outcome of selected contracts.

The Profit Formula recognizes that a higher profit rate is appropriate to 'risk' contracts i.e. contracts where the profit earned depends on performance, compared to 'non-risk' contracts.

Since 1 April 1984 the Profit Formula is subject to annual review and the agreed reference level related to cost outturns varying by more than 10% from the cost established at the time of price fixing.

The Review Board consists of a Chairman and four other members, two appointed by the Treasury and two by the CBI. The Review Board publishes an annual report on its work.

The above pricing arrangements are also applicable to noncompetitive subcontracts but do not apply to contracts or subcontracts of small value (normally below £25,000) or where a competitive general market price exists.

In the case of MOD the contract price is negotiated by Contracts Branch following receipts of reports from:
- Accountancy Services, which examines the contractor's accounting system and establishes the appropriate hourly labour rates, factory overhead levels and profit level,

- Technical Cost, which examines the contractor's estimating system and production cost estimate.

Where a contract is placed before final agreement of the price, a provisional price will be set for the purpose of on-account payments.

No such formal arrangements exist for contracts placed by local authorities or nationalized industries.

Types of Contract

There are a number of types of contract used by contracting authorities (and other clients) under which the ultimate price payable is calculated in a particular manner, the main types being:

Lump Sum Contract
- for works or supplies which are well defined, subject only to limited change and within known technology. The contract price is an all-inclusive price (but see below).

Remeasurement Contract –Vertrag auf der Basis von Einheitspreisen

- für Hoch- und Tiefbauarbeiten, wenn die Pläne bei Abschluß des Vertrages noch nicht endgültig vorliegen. Der Vertrag enthält Leistungsverzeichnisse mit kurzen Beschreibungen der Arbeit, ferner gemäß der Standardmethoden die angemessenen Mengen eines jeden Postens und die Einheitspreise oder -prozente, die der Unternehmer angeboten hat. Während der Ausführung der Arbeiten wird die ausgeführte Menge eines jeden Postens aufgemessen und entsprechend dem einschlägigen Kostenansatz in Rechnung gesetzt.

Schedules of Rates Contract –Vertrag mit alternativen mengenabhängigen Einheitspreisen

- für Hoch- und Tiefbauarbeiten, wenn die Angaben aus den Plänen nicht ausreichen, um annähernde Mengen festzusetzen und wenn eine frühzeitige Einbeziehung des Unternehmers erforderlich ist.

Die übliche Form des *Schedules of Rates Contract* (Vertrag auf der Basis von alternativen mengenmäßigen Einheitspreisen) ist eine umfassende Liste der Posten der Arbeiten, die die geforderten Maßnahmen abdeckt. Es werden keine Mengen angegeben. Der Unternehmer bietet entweder einen Einheitspreis für jeden Posten an oder berechnet einen Prozentsatz oberhalb oder unterhalb von Einheitspreisen, die der öffentliche Auftraggeber eingetragen hat.

Bei einer weiteren Form dieses Vertrages sind in den Listen nur die wichtigsten Posten der Arbeiten mit repräsentativen Mengen enthalten. Die Preise, die der Unternehmer für diese Posten angeboten hatte, werden Grundlage für frei ausgehandelte Preise für nachfolgende Posten der Arbeiten, wenn diese anfallen.

Der o. a. Preis kann ein Festpreis oder ein festgesetzter Preis (Gegenstand von Preisänderungen, s. unten) sein und wird angepaßt, wenn sich die Arbeiten in Quantität und Qualität verändern (siehe Veränderungen). Der Auftragnehmer ist auch berechtigt, Zahlung für vertragliche oder außervertragliche Ansprüche zu verlangen oder verpflichtet, zusätzliche Kosten für Fehler zu tragen, die der öffentliche Auftraggeber seinerseits verursacht hat.

Cost-Reimbursable Contract – Vertrag auf der Basis von Kosten (Kostenerstattungsvertrag)

Diese Vertragsart wird bei nennenswerter Ungewißheit bezüglich des Umfangs der Arbeiten oder der technischen Komplexität angewandt. Sie wird üblicherweise nur angewandt bei Arbeiten im Rahmen der Entwicklungshilfe. Die beiden wesentlichen Arten des Kostenerstattungsvertrages sind:

– ***Cost plus Fixed Fee*** – Erstattung der Kosten zuzüglich eines festen Zuschlags, der den Gewinn und eventuelle bestimmte Gemeinkosten abdeckt.

Remeasurement Contract

– for construction works where the design is not finalized at the time of contract. The contract contains Bills of Quantities which list brief descriptions of the work, in conformity with a Standard Method of Measurement, the approximate quantities of each item and the unit prices or rates tendered by the contractor. During the performance of the work the actual quantity executed under each item is measured and valued at the appropriate rate.

Schedules of Rates Contract

– for construction works where insufficient design information exists to draw up approximate quantities and where early involvement of the contractor is required.

The usual form of schedule of rates contract is a comprehensive list of items of work covering the operations which may be required. No quantities are given. The contractor either tenders rates for each item or quotes a percentage above or below rates previously entered by the contracting authority.

A second arrangement is where the schedules contain only the most important items of work with representative quantities. The prices tendered by the contractor for these items become the basis for negotiating prices for subsequent items of work as these become available.

The prices referred to above may be firm prices or fixed prices (subject to price variation – see below) and will be adjusted where the work is varied in extent or description (see 'Variations'). The contractor will also be entitled to payment for contractual or extra-contractual claims or be liable to pay additional costs incurred by the contracting authority for defaults on his part.

Cost-Reimbursable Contract

This type of contract is used where there is significant uncertainty, in the detailed extent of work or on the technical complexity. It is usually only adopted for development work. The main types of cost-reimbursable contract are:

– **Cost plus Fixed Fee**
  where the fee covers profit (and sometimes, certain overheads).

- *Target Cost* – Richtpreis,

wobei der Gewinn, den der Unternehmer erzielt, größer oder kleiner ist gegenüber einer Basisgewinnschwelle, bezogen auf den vereinbarten Richtpreis, je nachdem, ob die entstandenen Kosten den Richtpreis unterschreiten oder überschreiten.

Varianten dieser Vertragsart, die vom MOD (Verteidigungsministerium) angewandt wird, schließen Leistungen und Lieferungen nach Richtpreis ein. Gibt es mehr als eine Richtgröße, sind diese entsprechend der ihnen von den Ministerien zugewiesenen Priorität zu gewichten.

- **Cost plus** – **Vereinbarung auf der Basis der Kosten zuzüglich eines bestimmten Prozentsatzes für Gewinn**

Die Vertragsart bedeutet für den Auftragnehmer keinen Anreiz, die Kosten niedrig zu halten und wird deshalb nur angewandt, wenn das Ausmaß der Arbeiten nicht hinreichend übersehen werden kann, um einen Kostenerstattungsvertrag mit festem Zuschlag oder auf Richtpreisbasis abzuschließen. Wenn ein derartiger Vertrag abgeschlossen wird, kann darin ein Höchstpreis enthalten sein.

Bei jeder der o. a. Vertragsarten werden die ermittelten Kosten entsprechend einer getroffenen Übereinkunft gezahlt.

Gemäß den Vefahrensregelungen des *Department of the Environment* werden Kostenerstattungsverträge von den Gemeinden unter besonderen Umständen als diejenigen Vertragsarten angewandt, denen das *DOE* (Umweltministerium) Vorrang gibt.

Preisänderung

Sofern die Laufzeit eines Vertrages ein Jahr überschreitet, ist es üblich, eine Preisgleitklausel einzuschließen, damit Änderungen bei den Kosten von Material, Arbeit und (Maschinen-)Anlagen, die sich während der Vertragszeit ergeben, Rechnung getragen werden kann. Das *MOD* und das *DOE* und andere öffentliche Auftraggeber haben 1984 diese Laufzeit auf zwei Jahre und länger ausgedehnt.

Zwei Methoden zur Berechnung der Preisänderung werden akzeptiert:
- Die traditionelle Preisgleitklausel – basierend auf der Anpassung für Veränderungen zwischen den tatsächlichen Kosten und dem Angebot zugrunde gelegten Kosten für Arbeitslöhne und bestimmte Materialien.
- Die Formelmethode, die auf einem Index basiert.

Die zweite Methode wird als realistischer angesehen und häufiger angewandt, denn sie ist leichter zu handhaben und mit dem Durchschnitt der angegebenen Angebote besser vereinbar, unabhängig von den Kosten des einzelnen Unternehmers.

Wenn die Formelmethode angewandt wird, sind nur 90% des Preises Gegenstand der Anpassung. Der verbleibende Teil, der nicht angepaßt weden kann, gilt als *fixed element* (Festelement). Kommunen müssen ein Festelement von 10% festlegen, wenn Subventionen des *DOE* (Umweltministerium) gezahlt werden.

Für gewisse Arten von Lieferungen ist es üblich, eine Preisanpassung für Änderungen in den Kosten von speziellem Material festzulegen, wenn die Vertragsperiode nur drei

– **Target Cost**

where the profit paid to the contractor is increased or decreased against a base profit level related to the agreed Target Cost, according to whether the actual cost incurred is less than or exceeds the Target Cost.

Variants of this type of contract used by the Ministry of Defence include Target Performance and Target Delivery. Where more than one target variable is included, appropriate weightings are allocated to each variable to reflect the department's priorities.

– **Cost plus**

where a percentage for profit is added to costs incurred. This method provides no incentive to the contractor to minimize cost and, therefore, is only used where the extent of work cannot be sufficiently outlined to permit a Fixed Fee or Target Cost approach. Where used, the arrangement may include for a maximum price.

In each of the above methods the ascertained costs are paid according to an agreed convention.

Under the DOE Code of Procedure cost reimbursable contracts may be used by local authorities in special circumstances subject to prior reference to the DOE.

Price Variation

Where the contract period exceeds one year, it is usual to include a price variation clause to permit adjustment for changes in the costs of materials, labour and plant arising during the contract period. In 1984 MOD, DOE, and certain other contracting authorities have extended this period to two or more years.

Two methods of calculating the price variation are accepted:
– traditional fluctuation clause – based on adjustment for changes between the actual costs and tender base costs of labour and certain nominated materials, and

– index based formula method.

The second method is considered more realistic and most frequently used since it is easier to administer and is more directly consistent with parity of tendering being independent of a particular contractor's actual costs.

Where the formula method is used, only 90% of the price will usually be subject to adjustment, the remaining non-adjustable element being referred to as the 'fixed element'. Local authorities are required to stipulate a 10% fixed element where DOE subsidies are payable.

For certain classes of supplies it is usual to include price adjustment for changes in the cost of specific materials where the contract period is as short as three to six months, e. g.

bis sechs Monate beträgt, z. B. in Verträgen über Kabel zur Absicherung von raschen Preisschwankungen bei Kupfer oder Aluminium.

2.5 Streitigkeiten

Alle bereits erwähnten Musterbedingungen und Allgemeinen Vertragsbedingungen enthalten Schlichtungsbestimmungen über die Lösung von Meinungsverschiedenheiten oder Beilegung von Streitigkeiten, die über den Auftrag zwischen den Vertragsparteien entstehen können. Bei bestimmten Meinungsverschiedenheiten oder Streitigkeiten muß die Angelegenheit zunächst dem Ingenieur/Architekt zur Entscheidung vorgelegt werden; erst danach kann die Angelegenheit zur schiedsgerichtlichen Schlichtung vorgelegt werden, wenn eine der beiden Vertragsparteien nicht mit dieser Entscheidung einverstanden ist.

Die Bestimmungen über die schiedsgerichtliche Schlichtung legen fest,
- die einvernehmliche Ernennung des Schlichters und, falls dies nicht gelingt, Ernennung einer Person durch den Präsidenten eines einschlägigen Berufsverbandes, und manchmal,
- daß in bestimmten Fällen die Arbeiten während der Ausräumung von Meinungsverschiedenheiten bzw. Beilegung von Streitigkeiten fortzusetzen sind, sofern der Ingenieur/Architekt nicht die vorläufige Einstellung der Arbeiten anordnet, und
- daß die Schlichtung einiger Angelegenheiten erst nach Beendigung der praktischen Arbeiten erfolgen darf.

Im Falle des *GC/Works/1* und des *GC/Stores/1* ist die Entscheidung der Behörde bei bestimmten Angelegenheiten endgültig.

Sofern in den schiedsgerichtlichen Regelungen nichts anderes festgelegt ist, ist das Schlichtungsverfahren in Übereinstimmung mit den Bestimmungen des Schlichtungsgesetzes von 1950 sowie der nachfolgenden Novellierungen durchzuführen, wonach die Entscheidung des Schlichters für die Streitparteien (vorbehaltlich des in den Schlichtungsgesetzen enthaltenen, sehr eingeschränkten Beschwerderechts) endgültig und bindend ist.

Es ist geltendes Recht, daß bei schiedsrichterlichen Schlichtungsregelungen die Angelegenheiten nicht von den Gerichten entschieden werden dürfen, sofern die Vertragsparteien dies nicht vereinbart haben. In den Fällen, in denen eine Vertragspartei die Gerichte angerufen hat, kann die andere Vertragspartei die Einstellung des Verfahrens beantragen.

Unter bestimmten eingeschränkten Umständen, z. B. bei pflichtwidrigem Verhalten des Schlichters oder bei Verfahrensfehlern, kann jede Partei die Gerichte anrufen, um die Aufhebung des Schiedsspruches zu beantragen. Bei Zahlungsverzug kann die Vollstreckung des Schiedsspruches bei Gericht beantragt werden.

Es gibt keine verwaltungsrechtlichen Bestimmungen über Streitigkeiten, die das Verfahren für die Auftragsvergabe betreffen. Die Informationen für Bieter, die Teile der Anfrageunterlagen sind, führen im allgemeinen die normale Rechtsposition an, nämlich daß keine Verpflichtung besteht, den Auftrag an den Bieter des niedrigsten Angebots oder an irgendeinen Anbieter zu vergeben. Daher gibt es für einen Bieter, der sich unge-

in cabling contracts to provide protection against the volatile price movements of copper or aluminium.

2.5 Disputes

All of the standard forms and general conditions of contract previously referred to contain arbitration provisions for resolution of differences or disputes arising under the contract between the contracting parties. In certain of these, such differences or disputes must first be referred to the Engineer/Architect for a decision following which the matter may be referred to arbitration if either party is dissatisfied with the decision.

The arbitration provisions stipulate:
- the appointment of a single arbitrator by agreement, failing which, by a person nominated by the President of a relevant professional institution, and variously,

- that the works shall be continued pending resolution of the difference or dispute unless the Engineer/Architect orders suspension of the works, and

- that some matters may not be arbitrated upon until after practical completion of the work.

Under GC/Works/1 and GC/Stores/1 the decision of the Authority on particular matters is final.

Except where otherwise stipulated in the arbitration provisions, the proceedings will be conducted in accordance with the Arbitration Act 1950 as amended by subsequent enactments, under which the arbitrator's decision will be final and binding on the parties (subject only to the very limited rights of appeal contained in the Arbitration Act).

It is established law that where such arbitration provisions are included the matter may not be decided by the Courts unless the parties so agree. Where a reference has been made by one party to the Courts the other may apply to have the proceedings stayed.

In certain limited circumstances e.g. misconduct of the arbitrator or of the proceedings, either party may apply to the Courts for the award to be set aside. In the event of default in payment of the award application may be made to the Courts for its enforcement.

There are no Administrative Rules relating to any disputes concerning the contract award procedures. The instructions to tenderers included in enquiry documents generally state the ordinary legal position that there is no obligation to place the contract with the lowest or any tenderer. An aggrieved tenderer will, therefore, have no legal recourse against the contracting authority even though it may not have adhered to its own pro-

recht behandelt fühlt, selbst dann keine Rechtsmittel gegen eine Behörde, wenn diese ihre eigenen Verfahrensregeln nicht einhält; allerdings ist dieser letztgenannte Punkt nicht ganz unstrittig.

Streitigkeiten zwischen einem Ministerium und einem Unternehmen über zu hohen (oder zu geringen) erhaltenen Gewinn und jedwede daraus folgenden vertraglichen Forderungen auf Rückzahlung (oder Zahlung) sind Gegenstand der *Standard-Conditions* (Musterbedingungen) Nr. 43, 48 und 49 und müssen der Überprüfungskommission zur Entscheidung vorgelegt werden.

cedures, although this last point is not entirely without doubt.

Differences arising between a government department and a contractor over the profit level (or loss) achieved and any consequent request for repayment (or payment) under contracts subject to Standard Conditions Nos. 43, 48 & 49 may be referred to the Review Board for resolution.

Wortgut

Vocabulary

3. Begriffe des Öffentlichen Auftragswesen

Terms of Public Procurement

3.0 Allgemeine Begriffe

General Terms

1 **Vergabewesen** n.
(s. Öffentliches Auftragswesen)

= (contract) awarding; procurement
(see Public Procurement)

2 **Öffentliches Auftragswesen** n.

(Gesamtheit der Regelungen, Grundsätze und Maßnahmen zur Bedarfsdeckung des öffentlichen Bereichs)

± Public Procurement;
Public Purchasing Procedures
(the entire set of rules, principles and measures, relating to procurement in the public sector)

3 **Beschaffungswesen** n.
(deckungsgleicher Terminus für «Vergabewesen», hauptsächlich bei Lieferungen)

= purchasing; procurement
(*Beschaffungswesen* is a term equal to *Vergabewesen*, predominantly used for supplies)

4 **Vergabe** f. von öffentlichen Aufträgen

= award of public contracts

5 **Vergabestelle** f.

= (contract) awarding authority;
allocating office

6 **öffentlicher Auftrag** m.

= public contract

7 **öffentlicher Auftraggeber** m.

= contracting authority;
authority awarding contracts

8 **Auftraggeber** m.

(im deutschen öffentlichen Auftragswesen Kurzform für «öffentlicher Auftraggeber»;

im Vereinigten Königreich werden in den Musterbedingungen auch die Bezeichnungen Käufer, Kunde oder Behörde verwendet;
s. Einführung 2.3, Rechte und Pflichten der Vertragsparteien bei der Ausführung der Aufträge.)

= contracting authority;
authority awarding contracts
(Under German public contracting procedures *Auftraggeber* is a short form of *oeffentlicher Auftraggeber*;

under U. K. standard forms of contract the contract awarding party is referred to as the Purchaser or the Employer;

see Introduction 2.3, Rights and Obligations of the Contracting Parties in the Execution of Contracts.)

9	Auftragnehmer m.	=	contractor; supplier
10	öffentliche Verantwortlichkeit f.; öffentliche Rechenschaftspflicht f.	±	public accountability
11	Rechnungswesen n.	=	accounting (system); accountancy
12	Haushalt m.; Haushaltsplan m. Haushaltsgrundsätze mpl.	= ≠	budget tp.: precepts for budgeting and accounting; precepts of budgetary law
	Haushaltsmittel pl.	=	budget funds
	~ bewilligen	=	to appropriate budget funds
	~ bereitstellen	=	to allocate budget funds
13	Ausgaben fpl.	=	expenditure; expenses
	~ leisten	=	to incur expenditure
	~ veranschlagen	=	to estimate the expenditure
	eine Ausgabe bewilligen	=	to authorize expenditure
14	Bedarf m.	=	requirement
15	Bedarfsdeckung f.	=	meeting the requirements
16	Bedarfsermittlung f.	=	determination of requirement; ascertainment of requirement
17	Bedarfsschätzung f.	=	estimate of requirements
18	Verwaltungsrecht n.	=	Administrative Law
19	Erlaß m.	=	decree
20	Verwaltungsanweisung	=	directive
21	juristische Person f. des öffentlichen Rechts	=	public law entity
22	Körperschaft f. des öffentlichen Rechts	±	corporation under public law; Public Corporation

23	Stiftung f. des öffentlichen Rechts	±	foundation with legal personality governed by public law
24	Anstalt f. des öffentlichen Rechts; öffentliche Anstalt f. (Personen- und Sachgesamtheit, die in der Hand eines Trägers öffentlicher Verwaltung einem öffentlichen Zweck dient; kann rechtsfähig oder nicht rechtsfähig sein; in Großbritannien entsprechen viele «nichtministerielle öffentliche Körperschaften» [sogenannte *quangos* – quasi-autonome nichtbehördliche Organisationen] diesem Muster.)	±	institution with legal personality governed by public law; public institution (a combination of human and material resources which is placed in the hands of a public administrative body, to serve an objective of public policy; it may or may not have a legal personality. In Great Britain many non-departmental public bodies [so-called quangos – quasi-autonomous non-governmental organizations] fit this pattern.)
25	öffentliche Hand f. eine Stelle der öffentlichen Hand	= =	public sector; ~ authorities a public sector entity
26	juristische Person f. des privaten Rechts	=	legal person under private law
27	Konzession f. Konzessionsvergabe f.	= ±	concession concession agreement
28	Versorgungsbetrieb m. Versorgungsbetriebe mpl. für Wasser und Energie (im Vereinigten Königreich öffentliche Versorgungsbetriebe genannt; gehören überwiegend der öffentlichen Hand; in Deutschland gehört die Mehrzahl der Versorgungsbetriebe der öffentlichen Hand.)	= =	utility (undertaking) bodies which administer production, distribution and transmission or transport services for water or energy (In the UK, these bodies are mostly in the public sector and called public utilities; in Germany, the majority of utilities are in the public sector.)
29	Verkehrsunternehmen n.	=	transport firm; carrier
30	Versicherung f.	=	insurance
31	Mehrwertsteuer f.	=	value-added tax (VAT)
32	Frist f.	=	time limit
33	Mindestfrist f.	=	minimum period
34	Dringlichkeit f.	=	urgency

35	Werktag m. (alle Kalendertage mit Ausnahme der Sonn- und Feiertage)	=	working day (all calendar days with the exception of Sundays and public holidays)
36	Arbeitnehmer m. Fürsorgepflicht f. des Auftragnehmers gegenüber seinen Arbeitnehmern	= =	employee contractor's duty of care for his employees
37	Bauwirtschaft f.	=	construction industry
38	Handwerk n. Handwerker m. Handwerksbetrieb m.	= = =	craft; trade craftsman; tradesman workshop

3.1 Vorschriften, Vergabeprogramme, Mustervertragsbedingungen, Technische Normen

Laws, Regulations, Programmes for the Award of Contracts, General Conditions of Contract, Technical Standards

39	Richtlinie f. der Kommission vom 17. Dezember 1969 über die Lieferung von Waren an den Staat, seine Gebietskörperschaften und die sonstigen juristischen Personen des öffentlichen Rechts (70/32/EWG) – Liberalisierungsrichtlinie öffentliche Lieferaufträge –	=	Commission Directive of 17 December 1969 on the supply of goods to the State, its regional authorities and other corporate bodies governed by public law (70/32/EEC) – Liberalization Directive on Public Supply Contracts –
40	Richtlinie f. des Rates vom 21. Dezember 1976 über die Koordinierung der Verfahren zur Vergabe öffentlicher Lieferaufträge (77/62/EWG) – Koordinierungsrichtlinie öffentliche Lieferaufträge –	=	Council Directive of 21 December 1976 co-ordinating procedures for the award of public supply contracts (77/62/EEC) – Co-ordination Directive on Public Supply Contracts –
41	Richtlinie f. des Rates vom 26. Juli 1971 zur Aufhebung der Beschränkungen des freien Dienstleistungsverkehrs auf dem Gebiet der öffentlichen Bauaufträge und bei öffentlichen Bauaufträgen, die an die Auftragnehmer über ihre Agenturen oder Zweigniederlassungen vergeben werden (71/304/EWG) – Liberalisierungsrichtlinie öffentliche Bauaufträge –	=	Council Directive of 26 July 1971 concerning the abolition of restrictions on freedom to provide services in respect of public works contracts and on the award of public works contracts to contractors acting through agencies or branches (71/304/EEC) – Liberalization Directive on Public Works Contracts –

42	Richtlinie f. des Rates vom 26. Juli 1971 über die Koordinierung der Verfahren zur Vergabe öffentlicher Bauaufträge (71/305/EWG) – Koordinierungsrichtlinie öffentliche Bauaufträge –	=	Council Directive of 26 July 1971 concerning the co-ordination of procedures for the award of public works contracts (71/305/EEC) – Co-ordination Directive on Public Works Contracts –
43	Beschluß m. des Rates vom 26. Juli 1971/21. Dezember 1976 zur Einsetzung eines Beratenden Ausschusses für öffentliche Aufträge (71/306/EWG)	=	Council Decision of 26 July 1971/21 December 1976 setting up an Advisory Committee for Public Works Contracts (71/306/EEC)
44	Erklärung f. der im Rat vereinigten Vertreter der Regierungen der Mitgliedstaaten über die Verfahren, die in bezug auf die Konzessionen für Bauarbeiten einzuhalten sind – Ratsbeschluß über Konzessionsvergaben –	=	Declaration by the representatives of the governments of the Member States meeting in the Council, concerning procedures to be followed in the field of public works concessions – Council Decision on the awarding of concessions –
45	Übereinkommen n. über das öffentliche Beschaffungswesen vom 30. Juni 1979 – GATT-Kodex Regierungskäufe – in Verbindung mit dem Beschluß des Rates vom 10. Dezember 1979 über den Abschluß der multilateralen Übereinkommen, die im Zuge der Handelsverhandlungen von 1973–1979 ausgehandelt wurden (80/271/EWG)	=	Agreement on Government Procurement of 30 June 1979 in conjunction with the Council Decision of 10 December 1979 resulting from the 1973 to 1979 trade negotiations (80/271/EEC)
46	Haushaltsgrundsätzegesetz n.	≠	tp.: Budgetary Principles Act
47	Bundeshaushaltsordnung f.	≠	tp.: Federal Budget Code
48	Haushaltsordnungen fpl. der Länder	≠	tp.: *Land* Budget Codes
49	Gemeindehaushaltsverordnungen fpl.	≠	tp.: local authority budget codes
50	Gesetz n. gegen Wettbewerbsbeschränkungen Kurzform: Kartellgesetz n.	±	Restrictive Trade Practices Act

| 51 | Dienstanweisung f. | = official instruction |

| 52 | Verdingungsordnung f. für Leistungen – ausgenommen Bauleistungen (VOL) (Teil A und Teil B) | ≠ |

tp.: Code for Awarding Public Services Contracts – excluding Public Works Contracts *(VOL)* Part A and Part B

| 53 | Verdingungsordnung f. für Bauleistungen *(VOB)* Teile A, B und C | ≠ |

tp.: Code for Awarding Public Works Contracts *(VOB)* Parts A, B and C

| 54 | Vertragsbedingungen fpl. | = terms (conditions, stipulations) of a contract |

| 55 | Allgemeine Vertragsbedingungen fpl. für die Ausführung von Leistungen (Teil B der VOL) | ≠ |

tp.: General Conditions of Contract for the Performance of Services (Part B of the *VOL*) (These are included in each contract for services under *VOL* and stipulate the rights and obligations of the contracting authority and the contractor.)

(Sie werden Inhalt jedes Vertrages über eine Leistung gemäß der VOL und enthalten die Rechte und Pflichten des Auftraggebers und des Auftragnehmers.)

| 56 | Allgemeine Vertragsbedingungen fpl. für die Ausführung von Bauleistungen (Teil B der VOB) | ≠ |

tp.: General Conditions of Contract for the Execution of Construction Works (Part B of the *VOB*) (These are included in each contract and stipulate the rights and obligations of the contracting authority and the contractor.)

(Sie werden Inhalt jedes Bauvertrages und enthalten die Rechte und Pflichten des Auftraggebers und des Auftragnehmers.)

| 57 | Zusätzliche Vertragsbedingungen fpl. | ≠ |

tp.: Additional Conditions of Contract (Additional Stipulations, Additional Contract Terms)

	(Vertragsbedingungen eines Auftraggebers für regelmäßige Leistungen angesichts allgemeiner in seinem Umfeld existierender Gegebenheiten)	(conditions of contract used by an authority for regulary occurring requirements and relating to the circumstances existing generally in his area)
58	Ergänzende Vertragsbedingungen fpl.	≠
	(zur spezifischen Bedarfsdeckung besonderer Leistungen; s. Einleitung 1.3, Bestandteile des Vertrages)	tp.: Supplementary Conditions of Contract (These meet the specific requirements of particular categories of services; see Introduction 1.3, Elements of the Contract.)
59	Besondere Vertragsbedingungen fpl.	≠
	(Einzelangaben zur Ausführung, z. B. Ausführungstermin, Erfüllungsort)	tp.: Special Conditions of Contract (stipulations for the execution of individual contracts, e. g. completion date, place of delivery)
60	Vergabehandbuch n. (VHB)	≠
		tp.: Handbook on Award of Federal Building Works Contracts *(VHB)*
	(s. Einleitung 1.3, Anzuwendende Bestimmungen)	(see Introduction 1.3, Applicable Provisions)
61	Richtlinien fpl. für die Vergabe öffentlicher Aufträge	= **guidelines for the award of public contracts; directives for the award of public contracts**
	1. im Sinne von Leitlinien	= 1. guidelines for the award of contracts
	2. im Sinne von Verwaltungsanweisungen	= 2. directives for the award of contracts
62	Richtlinien fpl. für die bevorzugte Berücksichtigung von bestimmten Gruppen von Personen und Unternehmen bei der Vergabe öffentlicher Aufträge	≠
		tp.: Directives on the preferential treatment of particular groups of persons and firms in respect of public contracts
	(z. B. Vertriebene, Werkstätten für Behinderte und Blindenwerkstätten)	(e.g. refugees, workshops for disabled persons and workshops for the blind)
63	Richtlinien fpl. für die bevorzugte Berücksichtigung von Personen und Unternehmen aus dem Grenzgebiet	≠

	zur DDR und aus Berlin (West) bei der Vergabe öffentlicher Aufträge		
		tp.:	Directives on the preferential treatment of persons and firms operating in the border area and Berlin (West) in respect of the award of public contracts
64	Mittelstandsrichtlinien fpl. (Vorschriften öffentlicher Auftraggeber für die bevorzugte Berücksichtigung kleiner und mittlerer Unternehmen bei der Vergabe öffentlicher Aufträge)	±	Small and Medium-sized Firms Directives (regulations of contracting authorities concerning the privileged treatment of small and medium-sized firms when awarding public contracts)
65	≠ Üv.: Gesetz n. über örtliche Verwaltung, Planung, Grund und Boden von 1980	=	Local Government, Planning and Land Act 1980
66	≠ Üv.: Kommunalgesetz n. von 1972		Local Government Act 1972
67	≠ Üv.: Gesetz n. über Verjährung von 1980		Limitation Act 1980
68	≠ Üv.: Gesetz n. über unbillige Vertragsbedingungen von 1977		Unfair Contract Terms Act 1977
69	≠ Üv.: Wohnungsmieten- und Subventionsgesetz n. von 1975		Housing Rents and Subsidies Act 1975
70	≠ Üv.: Gesetz n. über Verkauf von Waren		Sale of Goods Act 1979
71	≠ Üv.: Gesetz n. über die Lieferung von Waren und Leistungen von 1982		Supply of Goods and Services Act 1982
72	≠ Üv.: Gesetz n. über die Lieferung von Waren (stillschweigend einbezogene Vertragsbedingungen) von 1973		Supply of Goods (Implied Terms) Act 1973
73	≠ Üv.: Gesetz n. betreffend die Folgen unrichtiger Angaben von 1967		Mispresentation Act 1967

74	Üv.: Wettbewerbsgesetz n. von 1980	≠	Competition Act 1980
75	Üv.: Gesetz n. gegen Wettbewerbsbeschränkungen von 1956–1976	≠	Restrictive Trade Practices Act 1956–1976
76	Üv.: Schlichtungsgesetz n. von 1950	≠	Arbitration Act 1950
77	Üv.: Effizienzprogramm n. von 1983	≠	1983 Efficiency Programme
78	Üv.: Initiative f. öffentliche Beschaffung *(PPI)*	≠	Public Purchasing Initiative (PPI)
79	Üv.: Weißbuch n. von 1982 – Normen, Qualität und internationale Wettbewerbsfähigkeit	≠	1982 White Paper – Standards, Quality and International Competitiveness
80	Üv.: Weißbuch n. (der Regierung)	≠	Government White Paper
81	Üv.: Bericht m. «Öffentliche Aufträge und Beschaffungsverfahren der Regierung»	≠	report "Government Contract and Procurement Procedures"
82	Üv.: Richtlinien fpl. zur öffentlichen Beschaffung	≠	Public Purchasing Guidelines
83	Üv.: Besondere Bevorzugsregelung f. (s. Einführung 2.3, Bevorzugungsregelungen)	≠	Special Preference Scheme (see Introduction 2.3, Contracts Preference Schemes)
84	Üv.: Muster n. für Allgemeine Verfahrensregelungen – Aufträge –	≠	Model Standing Orders – Contracts –
85		≠	Model Form of General Conditions of Contract "A", Home Contracts – with Erection, published by the Institution of Electrical Engineers

	Üv.: Muster n. für Allgemeine Vertragsbedingungen und Vertragsformulare «A», für Inlandsaufträge mit Montage, veröffentlicht vom Verband der Elektroingenieure	
86	≠	Standard Conditions of Government Contracts for Stores Purchases (GC/Stores/1 Edition April 1979)
	Üv.: Vertragsbedingungen fpl. für Aufträge der Regierung für Lieferungen	
87	≠	General Conditions of Government Contracts for Building and Civil Engineering Works (GC/Works/1 Edition 2 September 1977)
	Üv.: Allgemeine Vertragsbedingungen fpl. für Aufträge der Regierung für den Hoch- und Tiefbau	
88	≠	JCT Standard Form of Building Contract (Local Authorities Edition) with or without quantities for building works
	Üv.: Mustervertragsbedingungen fpl. für Hochbauaufträge mit oder ohne Mengenangabe für Kommunen	
89	≠	General Conditions of Contract for Mechanical and Electrical Services and Plant, issued by the Property Services Agency (PSA) – (C1020 December 1972)
	Üv. Allgemeine Vertragsbedingungen fpl. für Maschinenbau und elektrotechnische Dienste und Anlagen, herausgegeben von der *PSA*	
90	≠	ICE Conditions of Contract
	Üv.: *ICE*-Vertragsbedingungen fpl. für Tiefbauarbeiten (herausgegeben vom *Institution of Civil Engineers – ICE-* Kammer Britischer Bauingenieure)	
91	≠	Standard Condition No. 48 – Availability of Information –
	Üv.: Musterklausel f. Nr. 48 – Verfügbarkeit von Informationen – (s. Einleitung 2.4, Preisbildung bei Freihändiger Vergabe)	(see Introduction 2.4, Pricing of Negotiated Contracts)

92	Üv.: Musterklausel f. Nr. 43 – Preisfestsetzung – (s. Einleitung 2.4, Preisbildung bei Freihändiger Vergabe)	≠	Standard Condition No. 43 – Price Fixing – (see Introduction 2.4, Pricing of Negotiated Contracts)
93	technische Vorschriften fpl.	=	technical rules (regulations)
94	Allgemeine Technische Vorschriften fpl. für Bauleistungen (ATV, Teil C der VOB)	≠	tp.: General Technical Specifications for Construction Works (*ATV*, Part C of the *VOB*)
95	Zusätzliche Technische Vorschriften fpl. für Bauleistungen (ZTV)	≠	tp.: Additional Technical Regulations for Construction Works (*ZTV*)
96	Regeln fpl. der Technik (technische Normen)	=	technical standards
97	allgemein anerkannte Regeln fpl. der Technik (anerkannte Regeln der Technik)	=	generally recognized rules of technology (recognized rules of technology)
98	Internationale Normen fpl. (Sie werden im Regelfall mit entsprechender Kennzeichnung in nationale Normen überführt.)	=	international standards (These are usually changed into national standards with corresponding titles.)
99	EGKS-Normen fpl. (Europäische Gemeinschaft für Kohle und Stahl; Bereich: insbesondere Normen für Stahl [Qualität, Prüfverfahren etc.])	=	Euronorms (European Coal and Steel Community; scope: in particular, standards for steel [quality, test methods etc.])
100	ISO-Normen fpl. (*International Organization for Standardization* – Internationale Organisation für Normung; Bereich: alle Branchen mit Ausnahme der Elektrotechnik)	=	ISO standards (International Organization for Standardization; scope: all fields except electrical engineering)
101	*CEN*-Normen fpl. (*Comité Européen de Coordination des Normes* – Europäisches Komitee für Normung;	=	*CEN* standards (European Committee for Co-ordination of Standards;

	Bereich: alle Branchen mit Ausnahme der Elektrotechnik)	scope: all fields except electrical engineering)
102	**CENELEC-Normen** fpl. (*Comité Européen de Normalisation Electrotechnique* – Europäisches Komitee für elektrotechnische Normung; Bereich: Normen auf dem Gebiet der Elektrotechnik)	= **CENELEC standards** (European Committee for Electrotechnical standardization; scope: standards in the field of electrical engineering)
103	**CEI-Normen** fpl.; **IEC-Normen** (*Commission Electrotechnique Internationale; International Electrotechnical Commission* – Internationale Elektrotechnische Kommission; Bereich: Normen auf dem Gebiet der Elektrotechnik)	= **CEI standards, IEC standards** (International Electrotechnical Commission; scope: standards in the field of electrical engineering)
3.2	**Behörden und Institutionen**	**Public Authorities and Institutions**
104	Amt n. für amtliche Veröffentlichungen der Europäischen Gemeinschaften	= Office for Official Publications of the European Communities
105	Rechnungshof m.	= Audit Office; Court of Audit
106	Bundesrechnungshof m.	≠ tp.: Federal Court of Audit
	Landesrechnungshof m.	≠ tp.: *Land* Court of Audit
107	Bundesminister m. für Raumordnung, Bauwesen und Städtebau (BMBau)	≠ tp.: Federal Minister for Regional Planning, Building and Urban Development
108	Bundesminister m. für Verkehr (BMV)	≠ tp.: Federal Minister of Transport
109	Bundesminister m. für Wirtschaft (BMWi)	≠ tp.: Federal Minister of Economics
110	Vergabebehörde f.	= contract awarding authority

111	Beschaffungsstelle f.	=	procurement office
112	(Sonder)Ausschuß m. des Parlaments	±	Select Committee (of Parliament)
113	Rechnungsprüfungsausschuß m. (des Parlaments)	±	Public Accounts Committee (of the House of Commons)
114	Üv.: Ministerien npl. des Vereinigten Königreichs	≠	Central Government Departments of the United Kingdom
115	Üv.: Schatzamt n.	≠	Treasury
116	Üv.: Ministerium n. für Umweltfragen	≠	Department of the Environment (DOE)
117	Üv.: Ministerium n. der Verteidigung	≠	Ministry of Defence (MOD)
118	Üv.: Minister m. für kleinere Unternehmen	≠	Minister for Small Firms
119	Üv.: Handels- und Industrieministerium n.	≠	Department of Trade and Industry
120	Üv.: Amt n. für nationale Wirtschaftsentwicklung	≠	National Economic Development Office (NEDO)
121	Üv.: Zentrale Beschaffungsstelle f. *(CPU)*	≠	Central Purchasing Unit (CPU)
122	Üv.: Gemeinsame Baudienststelle f. der Ministerien (entspricht in ihrer Funktion in etwa der Bundesbaudirektion)	≠	Property Services Agency (PSA)
123	Üv.: Kommunalbehörden fpl. (Grafschafts-, Bezirks- und Gemeindebezirks- oder Gemeinderäte)	≠	Local Authorities (County, District and Parish/Community Councils)

124	Beratender Ausschuß m. für öffentliche Aufträge (s. Einführung 1.2)	=	Advisory Committee for Public Contracts (see Introduction 1.2)
125	Deutscher Verdingungsausschuß m. für Leistungen – ausgenommen Bauleistungen (DVAL) (s. Einführung 1.3, Anzuwendende Bestimmungen)	≠	tp.: German Contracts Committee for Public Services – excluding Public Works – *(DVAL)* (see Introduction 1.3, Applicable Provisions)
126	Deutscher Verdingungsausschuß m. für Bauleistungen (DVA) (s. Einführung 1.3, Anzuwendende Bestimmungen)	≠	tp.: German Contracts Committee for Public Works *(DVA)* (see Introduction 1.3, Applicable Provisions)
127	VOB-Stelle f. (s. Einführung 1.5) Bundes-VOB-Stelle f.; VOB-Ausschuß m. auf Bundesebene (s. Einführung 1.5)	≠ ≠	tp.: *VOB*-Office tp.: Federal *VOB*-Office (see Introduction 1.5)
128	Auftragsberatungsstelle f. (behandelt in § 4 VOL/A; s. auch Einführung 2.3, Vergabeverfahren)	≠	tp.: contract advisory centre (referred to in 5.4 *VOL/A*; see also Introduction 2.3, Awarding Procedure)
129	DIN 1. Abkürzung für «Deutsches Institut für Normung e.V.» 2. In Verbindung mit einer nachgestellten Zahl, Bezeichnung für eine Norm des Deutschen Instituts für Normung e.V.	≠	tp.: 1. Abbreviation for the German Institute for Standardization 2. In connection with a successive number, designation of a standard of the German Institute for Standardization
130	Architektenkammer f.	≠	tp.: Chamber of Architects
131	Bundesarchitektenkammer f.	≠	tp.: Federal Chamber of Architects
132	Handelskammer f.	=	Chamber of Commerce

133	≠	Economic Development Committees (EDC's)
	Üv.: Kommissionen fpl. für wirtschaftliche Entwicklung	
134	≠	Development Corporation
	Üv.: Entwicklungsgesellschaft f.	
135	≠	Review Board (for government contracts)
	(Üv.: Prüfungskommission f. für Aufträge der Regierung (s. Einführung 2.4, Politik und Praxis)	(see Introduction 2.4, Policy and Practice)
136	≠	Procurement Policy Committee
	Üv.: Ausschuß m. für Beschaffungspolitik	
137	≠	Building and Civil Engineering Subcommittee of the Procurement Policy Committee
	Üv.: Unterausschuß m. für Hoch- und Tiefbau des Ausschusses für die Beschaffungspolitik	
138	≠	Scottish Building Contracts Committee
	Üv.: Schottischer Ausschuß m. für Bauaufträge	
139	≠	Joint Contracts Tribunal (JCT)
	Üv.: Vereinigte Kommission f. für Bauverträge	
140	≠	Monopolies and Mergers Commission
	Üv.: Monopol- und Fusionskommission f.	
141	≠	Local Authorities' Association
	Üv.: Kommunale Vereinigung f.	
142	≠	Nationalized Industries
	Üv.: Verstaatlichte Industrie fpl. (Kohle, Elektrizität, Eisenbahnen usw.)	(Coal, Electricity Railways etc.)
143	≠	Central Electricity Generating Board
	Üv.: Zentralbehörde f. für Energieerzeugung	

144		≠	Chairmen's Group of the Nationalized Industries
	Üv.: Gruppe f. der Vorsitzenden der verstaatlichten Industrien		
145		≠	Royal Institute of British Architects (RIBA)
	Üv.: Königlich Britische Architektenkammer f. (berufsständische Selbstverwaltungsorganisation der britischen Architektenschaft mit Funktionen, die z. T. hoheitlicher Art sind (z. B. standesrechtliche Befugnisse, Berufszugangsregelungen), z. T. den Funktionen der Architektenverbände in der Bundesrepublik entsprechen)		
146		≠	Royal Institute of Chartered Surveyors
	Üv.: Königliche Kammer f. für öffentlich bestellte Baukostensachverständige		
147		≠	National Joint Consultative Committee (NJCC) for Building
	Üv.: Vereinigter Nationaler Beraterausschuß m. (NJCC) für Bauten (s. Einführung 2.2)		(see Introduction 2.2)
148		≠	Institute of Purchasing and Supply
	Üv.: Vereinigung f. für Beschaffungswesen		
149		≠	Joint Committee on Model Forms of General Conditions of Contract
	Üv.: Vereinigter Ausschuß m. für Allgemeine Mustervertragsbedingungen		
150		≠	ICE Conditions of Contract Standing Joint Committee
	Üv.: Ständiger Gemeinsamer Ausschuß m. für *ICE*-Vertragsbedingungen (s. auch *ICE*-Vertragsbedingungen, Nr. 90)		(see also ICE Conditions of Contract, No. 90)

3.3 Wirtschaftsverbände — Industrial or Trade Organizations

151 Wirtschaftsverband m. = industrial organization; trade organization

152 Bundesverband m. der Deutschen Industrie e.V. (BDI) ≠
tp.: Federation of German Industries

153 Deutscher Industrie- und Handelstag m. (DIHT) ≠
tp.: Association of German Chambers of Industry and Commerce

154 Hauptgemeinschaft f. des Deutschen Einzelhandels (HDE) ≠
tp.: Central Association of the German Retail Trade

155 Bundesverband m. des Deutschen Groß- und Außenhandels e.V. (BGA) ≠
tp.: Federation of German Wholesale and Foreign Trade

156 *FIEC* (*Fédération Internationale Européenne de Construction*) = **FIEC (International European Construction Federation)**
Europäischer Verband m. Internationaler Bauunternehmer *(EIC)* = **European International Contractors (EIC)**

157 Hauptverband m. der Deutschen Bauindustrie e.V. (HvBi) ≠
tp.: Federation of German Construction Industry

158 Zentralverband m. des Deutschen Baugewerbes (ZDB) ≠
tp.: Federation of German Building Trades

159 Zentralverband m. des Deutschen Handwerks (ZDH) ≠
tp.: Federation of German Craft Industries and Trades

160 Bund m. Deutscher Baumeister, Architekten und Ingenieure (BDB) ≠
tp.: Federation of German Master Builders, Architects and Engineers

161	Bund m. Deutscher Architekten (BDA)	≠ tp.: Association of German Architects
162	Vereinigung f. Freischaffender Architekten Deutschlands e.V. (VFA)	≠ tp.: Association of Independent Architects of Germany
163	Verband m. Beratender Ingenieure (VBI)	≠ Association of Consulting Engineers of Germany (ACEG)
164	Verband m. unabhängig beratender Ingenieurfirmen e.V. (VUBI)	≠ tp.: German Association of Independent Consulting Engineering Firms *(VUBI)*
165	≠ Üv.: Spitzenverband m. der Britischen Industrie	Confederation of British Industry – CBI
166	≠ Üv.: Nationaler Verband m. der Arbeitgeber des Hochbaugewerbes	National Federation of Building Employers
167	≠ Üv.: Spitzenvereinigung f. der Fachverbände von Unternehmern des Spezial-Tiefbaus und -Ingenieurbaus	Committee of Associations of Specialist Engineering Contractors
168	≠ Üv.: Vereinigung f. der beratenden Ingenieure	Association of Consulting Engineers (ACE)
169	≠ Üv.: Vereinigung f. der Mechanikingenieure	Institution of Mechanical Engineers
170	≠ Üv.: Vereinigung f. der Elektroingenieure	Institution of Electrical Engineers

171	≠ Üv.: Britische Vereinigung f. der Elektrotechnischen Industrie und zugehöriger Maschinenhersteller	Federation of British Electrotechnical and Allied Manufacturers' Associations (BEAMA)
172	≠ Üv.: Vereinigung f. Britischer Bauingenieure	Institution of Civil Engineers
173	≠ Üv.: Verband m. der Tief- und Ingenieurbauunternehmer	Federation of Civil Engineering Contractors (FCEC)
174	≠ Üv.: Verband m. von Spezialbauunternehmern	Federation of Building Specialist Contractors

3.4 Begriffe und Grundsätze der Vergabe öffentlicher Aufträge / Terms and Principles governing the Award of Public Contracts

175	Wirtschaftlichkeit f.	= economic efficiency; operational efficiency
176	Wirtschaftlichkeit f. Preis-Leistungs-Verhältnis n.	± value for money
177	Wirtschaftlichkeit f. und Sparsamkeit f. (wichtiger Grundsatz für die Vergabe öffentlicher Aufträge)	= the three »e's«: effectiveness, efficiency and economy (principles essential for public sector contracting)
178	Gleichbehandlung f. Gleichbehandlungspflicht f.	= equal treatment; equality of treatment = obligation to treat equally
179	Diskriminierungsverbot n.	= prohibition of discrimination
180	unlautere Verhaltensweise f.	= unfair conduct; misbehaviour
181	Preisabsprache f. zwischen Bietern (generell verboten nach den wettbewerbsrechtlichen Vorschriften)	= price fixing (rigging) between tenderers (generally prohibited under Restrictive Trade Practices legislation)
182	Zusammenschluß m. zu Preisabsprachen; Absprachering m.	= ring; combine

	(Gruppe von Unternehmen, die die Preise abspricht und festsetzt; generell nach den wettbewerbsrechtlichen Vorschriften verboten)	(group of firms which fix prices; generally prohibited under Restrictive Trade Practices legislation)
183	Preisverhandlungen fpl. (des Auftraggebers mit Bietern)	= price negotiations (between the contracting authority and tenderers)
	(bei Öffentlicher und Beschränkter Ausschreibung nach § 24 VOL/A und § 24 VOB/A unzulässig)	(prohibited by S. 24 *VOL/A* and S. 24 *VOB/A* in the case of open and selective tendering)
184	Marktübersicht f.	= market analysis
185	Teilnahme f. am Wettbewerb	= participation in competition
	an einem Wettbewerb m. teilnehmen	= to participate in a competition; to take part in a competition
186	Wettbewerb m.	= competition
	Wettbewerber m.; (Mitbewerber m., Konkurrent m.)	= competitor
187	Wettbewerbsnachteil m.	= competitive disadvantage
	unlauterer Wettbewerb m.	= unfair competition
	Wettbewerbspreis m.	= competitive price
	Wettbewerbsregeln fpl.	= rules of competition
	wettbewerbsbeschränkende Vereinbarung f.	= agreement in restraint of competition
	wettbewerbsbeschränkender Zusammenschluß m.	= combination in restraint of competition
	Wettbewerbsbeschränkung f.	= restraint of competition
	mit jemandem im Wettbewerb m. stehen	= to be in competition with somebody
	für etwas einen Wettbewerb m. ausschreiben	= to invite competition (tenders) for something
	außer Wettbewerb m.	= not competing
	Wettbewerbsverfälschung f.; (Wettbewerbsverzerrung f.)	= distortion of competition
	Wettbewerbsfähigkeit f.	= competitiveness
	an einem Wettbewerb m. teilnehmen	= to take part in a competition
	wettbewerbsfeindliches Verhalten n.	= anti-competitive conduct; ~ – ~ practice(s)
188	Grundsätze mpl. der Vergabe	= fundamental principles relating to award of contracts
	(geregelt in § 2 VOL/A und § 2 VOB/A)	(regulated by S. 2 *VOL/A* and S. 2 *VOB/A*)

189	Umfang m. der Leistung	=	scope of the services, supplies or works
190	Nebenleitung f.	=	subsidiary works or services; ancillary works or services
	(in Deutschland geregelt in den Allgemeinen Technischen Vorschriften für Bauleistungen – ATV, Teil C der VOB)		(in Germany regulated in the General Technical Specifications for Construction Works *ATV*, part C of the *VOB*)
191	Los n.; (Teillos n.) (geregelt in § 5 VOL/A und § 4 VOB/A)	=	lot; batch; portion; part; package (regulated in S. 5 *VOL/A* and S. 4 *VOB/A*)
	in Lose npl. zerlegen	=	to divide into batches; (in case of supplies) to divide into parts (packages) (in case of works)
192	Fachlos n.	≠	tp.: trade package(s); ~ contract(s)
	(Leistungen eines Handwerks- oder Gewerbezweigs; im Rahmen eines öffentlichen Bauauftrags; geregelt in § 4 VOB/A)		(award of contracts for a public works project on a craft or trade basis, regulated by S. 4 *VOB/A*)
193	verkehrsübliche Bezeichnung f.	=	usual term; ~ designation
194	Sammelauftrag m.	=	bulk order
195	Nachunternehmervertrag m. (VOB); Unterauftrag m. (VOL)	=	sub-contract
	(Vertrag, den der Auftragnehmer in Zusammenhang mit der Durchführung seines Auftrags über einen Teil der Leistung mit einem Dritten schließt)		(a contract placed by a main contractor with a third party for the supply of a part of the goods or services connected with the execution of his contract)
196	≠ Üv.: Unterauftrag m. (Nachunternehmerauftrag m.) an einen vom Auftraggeber ausgewählten Auftragnehmer (Unterauftrag, der vom Auftraggeber an einen vom öffentlichen Auftraggeber benannten Auftragnehmer vergeben wird)		nominated sub-contract (a sub-contract placed by the main contractor with a firm nominated by the contracting authority or its agent)
197	Weitervergabe f. (Vereinbarung des Auftragnehmers	=	sub-letting (arrangements made by a contractor for a

	mit einem Dritten zur Herstellung der Waren oder Erbringung der Leistungen, die vertraglich gefordert sind)		third party to manufacture the goods or perform the services called for under a contract)
198	Anschlußauftrag m.	=	follow-up order
199	Vertrag m. Vertragsmuster n.	= =	contract standard ~
200	Vertragspartei f.	=	party to the contract; contracting party
201	Vertragsbestimmungen fpl. (in VOL und in VOB «Vertragsbedingungen» genannt)	=	contractual provisions (stipulations, terms, conditions contained in a contract) (in the *VOL* and *VOB* called *Vertragsbedingungen*)
202	Pauschalvertrag m.	=	lump sum contract
203	Leistung f. eine ~ bewirken eine ~ anbieten	= = =	service to perform a ~ to offer a ~
204	Vergabe f. von Lieferungen	=	award of supplies (contracts); allotment (allocation) of supplies (contracts)
205	öffentlicher Lieferauftrag m.	=	public supply contract
206	Liefervertrag m.	=	supply contract
207	Auftrag m. Unterauftrag m. Dauerauftrag m. (VOL)	= = =	contract; order sub-contract running contract
208	Wiederkehrschuldverhältnis n.	=	recurring contractual obligation
209	Sukzessivlieferungsvertrag m.	=	contract for delivery by installments
210	≠ Üv.: Lieferanschlußvertrag m. nach einem Forschungs- und Entwicklungsvertrag (Lieferauftrag über Ausrüstungsgegenstände an den Unternehmer, der den vorangegangenen Forschungs- und Entwicklungsauftrag ausgeführt hat)		production contract (a contract for the supply of quantities of equipment placed following the successful development of a prototype, under an R & D contract)

211	**Rahmenvertrag** m.	±	running contract; term contract
	(Vertrag über Lieferungen oder Leistungen in einem bestimmten Zeitraum auf einer vereinbarten Preisbasis)		(a contract for the supply of specified goods or services on demand over a specified period on an agreed pricing basis)
212	**Kaufvertrag** m.	=	contract of sale
213	**Werkvertrag** m.	=	contract for work
214	**Werklieferungsvertrag** m.	=	contract for work and materials (contract constituting mixture of supply of materials and work to be performed)
215	**Leasing** n.; (**Mietkauf** m.)	=	leasing; lease-purchase agreement
	(eine besondere Art von Miete, in der der Mieter am Ende der ursprünglich vereinbarten Mietzeit entweder über den käuflichen Erwerb verhandeln kann oder die Miete für einen bestimmten Zeitabschnitt verlängern oder die Mietsache dem Vermieter zurückgeben kann)		(a special type of leasing in which the lessee may negotiate a purchase at the end of the basic lease term, may renew the lease for stated periods, or may return the leased asset to the lessor; *Mietkauf:* hire-purchase in general)
216	**Erzeugnis** n.	=	product
217	**handelsüblich**	=	customary in the trade
218	**Börsenwaren** fpl.	=	commodities quoted on a commoditiy exchange or market
219	≠ Üv.: gesetzlich geschützte Artikel mpl. (s. Einführung 2.3, Vergabeverfahren)		proprietary articles (see Introduction 2.3, Awarding Procedure)
220	**Bauleistungen** fpl.	=	construction work(s); building work(s)
	(s. auch § 1 VOL/A und § 1 VOB/A)		(see also S. 1 *VOL/A* and S. 1 *VOB/A*)
221	**Vergabe** f. **von Bauleistungen**	=	award of building work; ~ of construction work
222	**Bauarbeiten** fpl.	=	construction works; works

223	Bauvergabe f.	=	award of a construction contract; awarding of a construction contract
224	öffentlicher Bauauftrag m.	=	public works contract
225	Bauvertrag m.	=	construction contract; building contract
226	schlüsselfertige Herstellung f. (eines Bauwerkes) zum Pauschalpreis	=	turn-key construction (of a building) for a lump sum price
227	Tiefbauarbeiten fpl.: Ingenieurbauarbeiten fpl.	=	civil engineering works
228	M. und E.-Arbeiten fpl. (Maschinen- und Elektroarbeiten)	=	M & E Services (mechanical and electrical services)
229	Erdarbeiten fpl.	=	excavations
230	Hochbauarbeiten fpl.	=	building works
231	Abbrucharbeiten fpl.	=	demolition works
232	Bauunterhaltungsarbeiten fpl. Instandsetzungsarbeiten fpl.	=	maintenance work
233	Planung f. des Bauwerks	=	planning of the building (construction) work
234	Vorentwurf m.	=	preliminary project
235	Kostenschätzung f.; Kostenanschlag m.	=	cost estimate
236	Bauentwurf m.	=	building (construction) design; ~ (construction) project
237	Bauteile npl.	=	construction components; building components
238	Baukosten pl.	=	cost(s) of construction; construction cost(s); building cost(s)
239	Baustoffe mpl.	=	construction material; building material
240	technische Ausrüstung f.	=	engineering and construction (or manufacturing) resources

	(technischer Ausbau, Betriebstechnik)		(engineering works [premises], industrial technology)
241	**Stundenlohnarbeiten** fpl.	=	**time work**
242	**Sachverständiger** m.	=	**expert**
243	≠ Üv.: Oberbauleiter m. (im Vereinigten Königreich die gemäß der *GC/Works/1 General Conditions* für die Abwicklung öffentlicher Bauaufträge ernannte Person mit Anordnungs- und Überwachungsfunktionen)		**Superintending Officer** (In the United Kingdom, this term refers to the person nominated under GC/Works/1 to order and supervise the construction works.)
244	**Bauleiter** m. **des Auftraggebers** (Beauftragter des öffentlichen Auftraggebers, der die Arbeiten auf der Baustelle zu überwachen hat)	=	**clerk of works; resident engineer** (person appointed by the contracting authority to superintend work on site)
245	≠ Üv.: Bauleitender Ingenieur m. (im Vereinigten Königreich die entsprechend der *ICE-standard form of contract* für die Abwicklung von Bauaufträgen ernannte Person mit Anordnungs- und Überwachungsfunktionen und – abweichend von den Regelungen in Deutschland – Entscheidungsbefugnissen in bestimmten Angelegenheiten; s. Einführung 2.3)		**Engineer** (In the UK, this term refers to the person nominated under the ICE standard form of contract to order and supervise the works and, in contrast to the regulations in the Federal Republic of Germany, make decisions on particular matters; see Introduction 2.3.)
246	≠ Üv.: Bauleitender Architekt m. (im Vereinigten Königreich die gemäß der *JCT* für die Abwicklung von Bauaufträgen ernannte Person mit Anordnungs- und Überwachungsfunktionen und – abweichend von den Regelungen in Deutschland – Entscheidungsbefugnissen in bestimmten Angelegenheiten; s. Einführung 2.3)		**Architect** (In the UK, this term refers to the person nominated under the JCT standard form of contract to order and supervise the works and, in contrast to the regulations in the Federal Republic of Germany, make decisions on particular matters; see Introduction 2.3.)
247	**Ingenieurstudienauftrag** m.	=	**engineering study contract**
248	**Forschungsauftrag** m.	=	**research contract**

249	Forschungs- und Entwicklungsauftrag m.; Forschungs- und Entwicklungsvertrag m.	=	research and development (R&D) contract
	(Vertrag über die Erforschung und Entwicklung neuer technischer Ideen, der häufig zur Entwicklung eines Prototyps und – vor allem in England – zur Erteilung eines Lieferanschlußauftrags führt)		(contract for the application study of new ideas; often – particularly in the UK – leading to the making of a prototype and a subsequent production contract)
250	Entwicklungsauftrag m.	=	development contract
251	≠ Üv.: Probeauftrag m.		trial order
	(Auftrag geringen Umfangs, der einem ausgewählten – nicht unbedingt dem billigsten – Hersteller erteilt wird, um seine Eignung für die Mengenproduktion zu beurteilen)		(a small order placed with a selected contractor not necessarily the cheapest manufacturer, to assess his ability to produce the article in quantity)
252	Regiearbeiten fpl.	±	work carried out by a public authority using its own resources
	(Durchführung der Arbeiten durch die Verwaltung selbst)		
253	Regiebetrieb m.	±	direct labour organization (of a local authority)

3.5 Vergabearten, Vergabeverfahren

Methods of Awarding Contracts, Awarding Procedures

254	Verfahren n.	=	procedure
255	Vergabeverfahren n.	=	tendering procedure; (contract) awarding procedure
256	offenes Verfahren n. (der EWG-Koordinierungsrichtlinien – entspricht der Öffentlichen Ausschreibung in Deutschland und im Vereinigten Königreich)	=	open procedure (of the Co-ordinating Directives of the EEC – corresponds to the open tendering procedure in the Federal Republic of Germany and in the UK)
257	nichtoffenes Verfahren n. (der EWG-Koordinierungsrichtlinien – entspricht der Beschränkten Ausschreibung in Deutschland und im Vereinigten Königreich)	=	restricted procedure (of the Co-ordinating Directives of the EEC – corresponds to the selective tendering procedure in the Federal Republic of Germany and in the UK)

258	beschleunigtes Verfahren n.	=	accelerated procedure
259	Arten fpl. der Vergabe	=	methods of awarding contracts;
		~	of allotment
	(geregelt in § 3 VOL/A und § 3 VOB-/A; für das Vereinigte Königreich s. Einführung 2.3, Vergabeverfahren)		(regulated by S. 3 *VOL/A* and *VOB/A*; for the United Kingdom see Introduction 2.3, Awarding Procedure)
260	förmliches Verfahren n.	=	formal procedure
261	Grundsätze mpl. der Ausschreibung	=	fundamental principles relating to invitations to tender
	(geregelt in § 16 VOL/A und § 16 VOB/A)		(regulated by S. 16 *VOL/A* and *VOB/A*)
262	Öffentliche Ausschreibung f.	=	open tendering;
		~	invitation to tender;
			public invitation to tender
	(entspricht dem offenen Verfahren der EWG-Koordinierungsrichtlinien)		(corresponds to the open procedure of the Co-ordinating Directives of the EEC)
263	Beschränkte Ausschreibung f. mit öffentlichem Teilnahmewettbewerb	=	selective tendering with open invitation to participate
	(entspricht dem nichtoffenen Verfahren der EWG-Koordinierungsrichtlinien)		(corresponds to the restricted procedure of the Co-ordinating Directives of the EEC)
264	Beschränkte Ausschreibung f.	±	selective tendering
265	≠ Üv.: Einstufige Beschränkte Ausschreibung f.		single stage selective tendering
	(s. Einführung 2.3, Vergabeverfahren)		(see Introduction 2.3, Awarding Procedure)
266	≠ Üv.: Zweistufige Beschränkte Ausschreibung f.		two-stage selective tendering
	(s. Einführung 2.3, Vergabeverfahren)		(see Introduction 2.3, Awarding Procedure)
267	Freihändige Vergabe f.	=	negotiated contract
268	Erkundung f. des Bewerberkreises	=	enquiry for potential tenderers
	(geregelt in § 4 VOL/A)		(regulated by S. 4 *VOL/A*)

269	Bekanntmachung f.	=	notice; notification; (official) announcement
270	Veröffentlichung f. im Amtsblatt der EG	=	advertisement (notice) in the Official Journal of the EC
271	Absicht f. der Auftragsvergabe bekanntgeben	=	to publish a notice of one's intention to award a contract
272	Schwellenwert m. für die Bekanntmachung öffentlicher Aufträge im Amtsblatt der EG	=	threshold for the publication of public contracts in the Official Journal of the EC
273	Bekanntmachung f. der Vergabeabsicht	=	notice of the intention to award a contract
274	Bundesausschreibungsblatt n.	≠	tp.: Federal Bulletin of Invitations to Tender
275	ausschreiben	=	to invite tenders; to issue an invitation to tender
276	Ausschreibung f.	=	invitation to tender
277	Aufforderung f. zur Angebotsabgabe (Einzelheiten der Bekanntmachung in § 17 VOL/A und § 17 VOB/A geregelt)	=	invitation to tender (Details of the notification are regulated by S. 17 *VOL/A VOB/A*)
278	Antrag m. auf Teilnahme (am Wettbewerb) (Im Vereinigten Königreich ist der übliche Ausdruck «Antrag auf Aufnahme in die Bieterliste».)	=	application to participate (in the competition) (In the UK, the usual expression is "application [to be considered] for inclusion in the list of tenderers".)
279	≠ Üv.: Aufforderung f. nur eines Bieters zur Angebotsabgabe (ähnlich der Freihändigen Vergabe)		invitation to tender addressed to one tenderer only; single tender action (similar to negotiated contract)
280	öffentliche Aufforderung f. zur Teilnahme am Wettbewerb	=	public notice requesting applications to participate (in the competition)
281	Bindefrist f. (Zeitraum, innerhalb dessen die Bieter an ihre Angebote gebunden sind;	=	tender validity period (period during which tenderers are bound to keep their tenders open;

	nach deutschem Recht: gleicher Zeitraum wie die Zuschlagsfrist)		under German Law, this period is the same as the period for award of [the] contract.)
282	**Bewerbungsbedingungen** fpl.	=	**instructions to tenderers; tendering conditions; conditions of tendering**
	(Zusammenfassung der Erfordernisse, die der Bewerber bei der Bearbeitung seines Angebots beachten muß)		(requirements which the tenderer must comply with when preparing and submitting his tender)
283	**Auf- und Abgebotsverfahren** n.; **Angebotsverfahren** n. **mit Preisvorgaben**	≠	
			tp.: **mark up/mark down method; tendering procedure with pre-priced schedules**
	(Verfahren, bei dem der Auftraggeber die Preise angibt und die Bewerber entweder den Preis annehmen oder höhere oder niedrigere Angebote abgeben können)		(method in which prices stated by the contracting authority are submitted to the tenderers who either accept the prices as the basis of their tenders or mark them up or down)
284	**Zeitvertrag** m. (Rahmenvertrag für einen bestimmten Zeitraum, in dem der Auftragnehmer auf Abruf Leistungen, insbesondere Unterhaltungsarbeiten, auszuführen hat)	±	**term contract** (outline contract for a specified period in which the contractor undertakes to carry out on demand work on site, particularly maintenance work)
285	≠ Üv.: gesiegelte Verträge mpl. (s. Einführung 2.3, Vertragsgestaltung)		**contracts under seal** (see Introduction 2.3, Formation of Contract)
286	≠ Üv.: einfache Verträge mpl. (s. Einführung 2.3, Vertragsgestaltung)		**contracts under hand** (see Introduction 2.3, Formation of Contract)
3.6	**Leistungsbeschreibung und sonstige Vertragsunterlagen**		**Specifications and other Contract Documents**
287	**Unterlagen** fpl.	=	**documents**
288	**Vertragsunterlagen** fpl.	=	**contract documents**
289	**Angebotsunterlagen** fpl.; **Verdingungsunterlagen** fpl.	=	**tender documents; enquiry documents**

290	Vertragsbestandteil m.	=	element of a contract
291	technische Vertragsbedingungen fpl.	≠	

tp.: technical specifications
(im Bereich der VOL; sie entsprechen den ATV und den ZTV im Bereich der VOB. s. Nr. 94, 95) (in the *VOL*-area; corresponding to the *ATV* and the *ZTV* in the *VOB*-area; see No. 94, 95)

292 Leistungsbeschreibung f. = specification
(genaue Beschreibung der vertraglich geforderten Güter, des Materials oder der Leistungen, unter Angabe aller Einzelheiten für die verlangte Durchführung oder Qualität) (a precise description of the equipment, material or services required under the contract setting out any standards of performance and quality to be achieved)

293 funktionale Leistungsbeschreibung f. = **functional specification of the supplies or services;**
(§ 8 Nr. 2 Abs. 1 VOL/A) **performance specification of the supplies or services**

(Beschreibung der Leistung durch Darstellung des Zweckes, der Funktion und der an sie gestellten sonstigen Anforderungen
oder
durch Angabe der wesentlichen Merkmale und konstruktiven Einzelheiten, gegebenenfalls durch Verbindung beider Beschreibungsarten) (description of the supplies or services by a representation of their purpose, their function and the other requirements imposed on them,
or
by their essential features and full design details, or, if appropriate, by a combination of both methods of description)

294 **Leistungsbeschreibung f. mit Leistungsprogramm m.** ≠
(§ 9 Nr. 10 VOB/A) tp.: (functional) specification
(vgl. Nr. 293) (with schedule of requirements)
(corresponding to functional specification of the supplies or services in the *VOL/A* [cf. No. 293])

(Das Leistungsprogramm umfaßt eine Beschreibung der Bauaufgabe, aus der die Bewerber alle für die Entwurfsbearbeitung und ihr Angebot maßgebenden Bedingungen und Umstände erkennen können und in der sowohl der Zweck der fertigen Leistung als auch die an sie gestellten technischen, wirtschaftlichen, gestalterischen und funktionsbedingten Anforderungen angegeben sind, sowie gegebenenfalls ein Musterleistungsverzeichnis, in dem die Mengenangaben ganz oder teilweise offengelassen sind.) (The specification comprises a description of the building project from which the tenderers can identify all the conditions and circumstances which critically affect the design preparation and their tender and in which both the purpose of the finished work and also the requirements to be met by it in so far as its technical, economic, design and functional aspects are concerned, are stated; if necessary, it also comprises a specimen schedule in which some or all of the quantities are omitted.)

281	**Bindefrist** f. (Zeitraum, innerhalb dessen die Bieter an ihre Angebote gebunden sind; nach deutschem Recht: gleicher Zeitraum wie die Zuschlagsfrist)	=	**tender validity period** (period during which tenderers are bound to keep their tenders open; under German Law, this period is the same as the period for award of [the] contract.)
282	**Bewerbungsbedingungen** fpl. (Zusammenfassung der Erfordernisse, die der Bewerber bei der Bearbeitung seines Angebots beachten muß)	=	**instructions to tenderers; tendering conditions; conditions of tendering** (requirements which the tenderer must comply with when preparing and submitting his tender)
283	**Auf- und Abgebotsverfahren** n.; **Angebotsverfahren** n. **mit Preisvorgaben** (Verfahren, bei dem der Auftraggeber die Preise angibt und die Bewerber entweder den Preis annehmen oder höhere oder niedrigere Angebote abgeben können)	≠	tp.: mark up/mark down method; tendering procedure with pre-priced schedules (method in which prices stated by the contracting authority are submitted to the tenderers who either accept the prices as the basis of their tenders or mark them up or down)
284	**Zeitvertrag** m. (Rahmenvertrag für einen bestimmten Zeitraum, in dem der Auftragnehmer auf Abruf Leistungen, insbesondere Unterhaltungsarbeiten, auszuführen hat)	±	**term contract** (outline contract for a specified period in which the contractor undertakes to carry out on demand work on site, particularly maintenance work)
285	≠ Üv.: gesiegelte Verträge mpl. (s. Einführung 2.3, Vertragsgestaltung)		**contracts under seal** (see Introduction 2.3, Formation of Contract)
286	≠ Üv.: einfache Verträge mpl. (s. Einführung 2.3, Vertragsgestaltung)		**contracts under hand** (see Introduction 2.3, Formation of Contract)
3.6	**Leistungsbeschreibung und sonstige Vertragsunterlagen**		**Specifications and other Contract Documents**
287	**Unterlagen** fpl.	=	**documents**
288	**Vertragsunterlagen** fpl.	=	**contract documents**

289	Angebotsunterlagen fpl.; Verdingungsunterlagen fpl.	=	tender documents; enquiry documents
290	Vertragsbestandteil m.	=	element of a contract

291 technische Vertragsbedingungen fpl.

(im Bereich der VOL; sie entsprechen den ATV und den ZTV im Bereich der VOB. s. Nr. 94, 95)

≠

tp.: technical specifications
(in the *VOL*-area; corresponding to the *ATV* and the *ZTV* in the *VOB*-area; see No. 94, 95)

292 Leistungsbeschreibung f.

(genaue Beschreibung der vertraglich geforderten Güter, des Materials oder der Leistungen, unter Angabe aller Einzelheiten für die verlangte Durchführung oder Qualität)

= **specification**
(a precise description of the equipment, material or services required under the contract setting out any standards of performance and quality to be achieved)

293 **funktionale Leistungsbeschreibung** f. (§ 8 Nr. 2 Abs. 1 VOL/A)

(Beschreibung der Leistung durch Darstellung des Zweckes, der Funktion und der an sie gestellten sonstigen Anforderungen
oder
durch Angabe der wesentlichen Merkmale und konstruktiven Einzelheiten, gegebenenfalls durch Verbindung beider Beschreibungsarten)

= **functional specification of the supplies or services;
performance specification of the supplies or services**
(description of the supplies or services by a representation of their purpose, their function and the other requirements imposed on them,
or
by their essential features and full design details, or, if appropriate, by a combination of both methods of description)

294 **Leistungsbeschreibung** f.
mit Leistungsprogramm m.
(§ 9 Nr. 10 VOB/A)
(vgl. Nr. 293)

(Das Leistungsprogramm umfaßt eine Beschreibung der Bauaufgabe, aus der die Bewerber alle für die Entwurfsbearbeitung und ihr Angebot maßgebenden Bedingungen und Umstände erkennen können und in der sowohl der Zweck der fertigen Leistung als auch die an sie gestellten technischen, wirtschaftlichen, gestalterischen und funktionsbedingten Anforderungen angegeben

≠

tp.: (functional) specification
(with schedule of requirements)
(corresponding to functional specification of the supplies or services in the *VOL/A* [cf. No. 293])
(The specification comprises a description of the building project from which the tenderers can identify all the conditions and circumstances which critically affect the design preparation and their tender and in which both the purpose of the finished work and also the requirements to be met by it in so far as its technical, economic, design and functional aspects are concerned, are stated; if necessary, it also comprises a

sind, sowie gegebenenfalls ein Musterleistungsverzeichnis, in dem die Mengenangaben ganz oder teilweise offengelassen sind.)

specimen schedule in which some or all of the quantities are omitted.)

295	Leistungsverzeichnis n.	=	bill of quantities
296	Position f. des Leistungsverzeichnisses (Teilleistung f.)	=	item in the bill(s) of quantities

297 Eventualposition f.; Bedarfsposition f.
(Position für zusätzliche Bauarbeiten oder Leistungen, bei der offen ist, ob die Arbeiten bzw. Leistungen verlangt oder nicht verlangt werden)

= provisional item
(item included in a contract for additional work or supplies which may or may not be required)

298 Mengenermittlung f. = estimate of quantities

299 ≠
Üv.: Liste f. der ungefähren Mengen
(s. Einführung 2.3, Vergabeverfahren)

bill of approximate quantities

(see Introduction 2.3, Awarding Procedure)

300 ≠
Üv.: Baukostensachverständiger m.
(*Quantity Surveyor* m.)
(Sachverständiger für die Berechnung von Material und Lohn im Zusammenhang mit Bauwerken und damit zusammenhängenden speziellen Leistungen; seine Aufgaben beinhalten die Vorbereitung der Leistungsverzeichnisse, die Kostenschätzung, das Aufmessen und die Bewertung der ausgeführten Arbeiten und die Prüfung der Rechnungen des Auftragnehmers; er kann Bediensteter des öffentlichen Auftraggebers oder selbständiger Unternehmer sein.)

Quantity Surveyor (Q.S.)
(quantity surveyor)

(a professional advisor on quantities of materials and labour used in connection with building works and their ancillary specialist services; his duties include preparation of bills of quantities and estimates of cost, measurement and valuation of work executed and the checking of contractor's accounts; may be an employee of the contracting authority or of an independent firm.)

301 Muster npl.
(von Stoffen, Teilen oder Erzeugnissen)

= samples
(of materials, components or products)

302 Preisänderung f.

(s. Einführung 1.3 und 2.4, Änderung der Vergütung)

= change in price;
price variation
(see Introduction 1.3 and 2.4, Price Variation)

303	Preisgleitklausel f.	±	variation of price clause; (variation of costs clause); contract price adjustment clause; price escalation clause
	(legt die Grundlage fest, auf der bei Änderungen der Lohn- oder Materialkosten oder anderer festgelegter Bestandteile die Preise angepaßt werden)		(clause stipulating the basis on which the prices are adjusted for changes in the rates of wages or prices of materials or other specified elements of the price)
304	Lohngleitklausel f.	=	labour cost escalation clause
305	Stoffgleitklausel f.	=	material cost escalation clause

3.7 Teilnehmer am Wettbewerb — Participants

306	Bewerber m.	=	applicant; tenderer; firm; (contractor/supplier)
	ausgeschlossener ∼	=	excluded firm
307	Teilnehmer mpl. am Wettbewerb (Bewerber, Bieter, je nach dem Stadium des Vergabeverfahrens)	=	participants (applicants; candidates; tenderers, according to the stage of the tendering procedure)
308	Bieter m.	=	tenderer; bidder
	∼ mit dem günstigsten Angebot	=	∼ with the most favourable tender
	Bietergemeinschaft f.	=	joint tenderers
	ausgewählter Bieter m.	=	selected tenderer
309	Arbeitsgemeinschaft f.	=	joint venture; consortium
310	federführendes Unternehmen n. in einer Arbeitsgemeinschaft	=	leading contractor in a joint venture
311	Unternehmer n.	=	contractor; supplier
	(Hauptunternehmer m.)	=	(main contractor)
	Nachunternehmer m. (im VOL-Bereich: Nachauftragnehmer)	=	sub-contractor
312	Unternehmen n.	=	firm; company
	mittelständisches Unternehmen n.	=	small or medium-sized firm; ∼ or medium-sized company
313	Generalunternehmer m.	=	General Contractor
	(ein Unternehmer, der alle Leistungen einer Baumaßnahme zu erbringen hat und wesentliche Teile davon selbst ausführen muß)		(a contractor who is required to undertake all the work involved in a construction project, and who must carry out a substantial part of it himself)

314	Generalübernehmer m.	±	managing contractor
315	Bauträger m.	=	property developer; company building and selling completed residential properties

316	≠	Standing List
	Üv.: ständige Unternehmerliste f. (s. Einführung 2.3, Vergabeverfahren)	(see Introduction 2.3, Awarding Procedure)

317	≠	Approved Lists; Select Lists
	Üv.: Anerkannte Listen fpl. (s. Einführung 2.3, Grundsätze der Auftragsvergabe; in England Liste von Unternehmern, die befugt sind, bestimmte Leistungen oder Lieferungen von Waren und Ausrüstungen auszuführen)	(see Introduction 2.3, Principles of Awarding Contracts; lists of firms competent to carry out particular works or services or supply particular goods or equipment)

318	≠	ad hoc list of firms
	Üv.: Ad-hoc-Unternehmerliste f. (Liste fachkundiger und zuverlässiger Unternehmer, die in Verbindung mit einer speziellen Aufforderung zur Angebotsabgabe in einer Ad-hoc-Liste zusammengefaßt sind; s. Einführung 2.3, Vergabeverfahren)	(a list of competent firms compiled on an ad hoc basis in connection with a particular invitation to tender; see Introduction 2.3, Awarding Procedure)

319	≠	ineligible list
	Üv.: Liste f. gesperrter Unternehmen (Auftragnehmer) (vertrauliche Liste über Unternehmen, die nicht zur Angebotsabgabe aufgefordert werden, auch «Schwarze Liste» genannt)	(confidential list of firms who are not to be invited to tender: sometimes called a "Black List")

320	Unterlieferant m. (Zulieferer m.)	=	sub-supplier
321	Nachauftragnehmer m. (im VOB-Bereich: Nachunternehmer m.)	=	sub-contractor
322	Bevorzugter Bewerber m.	= ∼	preferred applicant; tenderer

323	Üv.: Entwicklungsgebiet n.; Fördergebiet n. (ein abgegrenztes Gebiet in England, in dem die Arbeitslosigkeit hoch und anhaltend ist und durch die Politik der Regierung bestehende Unternehmen gefestigt werden sollen sowie die Einführung neuer Industrien gefördert werden soll; s. Einführung 2.3, Bevorzugungsregelungen)	≠	Development Area (a designated area of the UK where unemployment is high and persistent and in which government policy is to foster existing firms and to encourage the introduction of new industries; see Introduction 2.3, Contract Preference Schemes)
324	Üv.: Entwicklungszwischengebiete npl. (s. Einleitung 2.3, Bevorzugungsregelungen)	≠	Intermediate Areas (see Introduction 2.3, Contracts Preference Schemes)
325	ortsansässig	=	local; resident
326	Beschützte Werkstätten fpl. für Behinderte	±	Sheltered workshops for handicapped people
327	Ausschluß m. von der Teilnahme am Wettbewerb	=	exclusion from participation (in the competition); (exclusion from the list of tenderers)

3.8 Angebotsverfahren — Tendering Procedure

328	Angebotsverfahren n.	=	tendering procedure
329	Angebot n.; ~ mit Einheitspreisen	=	tender; offer; bid; ~ with unit prices; ~ with unit rates
330	Angebotsanschreiben n.; (Begleitschreiben n.)	=	covering letter
331	Angebotsfrist f.	=	time limit for receipt of tenders; tendering period
332	ein Angebot n. abgeben	=	to submit a tender; to tender
333	Angebotskosten pl.	=	tendering costs
334	Eröffnungstermin m.	=	opening date; date set for opening of tenders

335	Öffnung f. der Angebote	=	opening of (the) tenders; tender opening
	(geregelt in §22 VOL/A und in §22 VOB/A, für das Vereinigte Königreich s. Einführung 2.3 – Verfahren der Angebotsabgabe)	=	(regulated in S.22 *VOL/A* and in S.22 *VOB/A*, for the United Kingdom see Introduction 2.3 – Tendering Procedure)
336	Verhandlungsleiter m. bei der Öffnung der Angebote	±	supervising officer at tender opening
337	≠ Üv.: Kommission f., deren Aufgabe es ist, die Angebote zu öffnen und aufzulisten		tender opening panel (panel of persons authorized to open and summarize tenders)
338	Niederschrift f. über die Öffnung der Angebote (Auflistung der Angebote einschließlich der verspäteten, die auf eine spezielle Anforderung eingegangen sind)	±	tender opening record (schedule recording a summary of tenders received [including "late tenders"] for a particular requirement)
339	Angebotspreis m.	=	tender price
340	Preisnachlaß m.; (Abgebot n.)	=	discount
341	Nebenangebot n.; (Änderungsvorschlag m.)	=	alternative tender; (proposal for amendment); (~ for modification)
	(Es darf generell, sofern nicht in den Verdingungsunterlagen ausgeschlossen, ein technisch abweichendes Nebenangebot abgegeben werden, das den in den Verdingungsunterlagen aufgestellten Erfordernissen nicht voll entspricht. In Deutschland kann ein Nebenangebot auch ohne [Haupt-]Angebot abgegeben werden; im Vereinigten Königreich muß ein Hauptangebot abgegeben werden.)		(Generally tenderers are permitted to submit alternative tenders which do not fully comply with the requirements stipulated in the tender documents, unless otherwise stated in the tender documents. In Germany a fully compliant main offer need not be submitted; in the UK a fully compliant main offer is generally mandatory.)
342	Geheimhaltung f. der Angebote	=	safeguarding of tenders; security of tenders

3.9 Vertrags- und Preistypen — Types of Contract and Price

343 ≠
Üv.: Vertrag m. auf der Basis von Einheitspreisen
(s. Einführung 2.4, Vertragsarten)

remeasurement contract

(see Introduction 2.4, Types of Contract)

344 ≠
Üv.: Einheitspreisvertrag m. ohne genaue Mengenangaben
(s. Einführung 2.4, Vertragsarten)

schedule of rates contract

(see Introduction 2.4, Types of Contract)

345 ≠
Üv.: Vertrag m. auf der Basis von Kosten (Kostenerstattungsvertrag m.)
(s. Einführung 2.4, Vertragsarten)

cost-reimbursable contract

(see Introduction 2.4, Types of Contract)

346 ≠
Üv.: Gewinnformel f.
(s. Einführung 2.4, Preisbildung bei Freihändiger Vergabe)

Profit Formula

(see Introduction 2.4, Pricing of Negotiated Contracts)

347 Kostenerstattungsvertrag m.;
(Selbstkostenerstattungsvertrag m.)

= **cost-reimbursable contract**

348 Selbstkostenerstattungsvertrag m.
(Vertrag, bei dem dem Auftragnehmer seine Kosten erstattet werden und er als Gewinn einen Prozentsatz seiner Kosten erhält;
s. Einführung 1.4, Preistypen und 2.4, Vertragsarten)

= **cost plus contract**
(a type of contract under which a contractor is paid all his costs plus a percentage of those costs as profit;

see Introduction 1.4, Types of Price and 2.4, Types of Contract)

349 ≠
Üv.: Vertrag m. auf der Basis der Kostenerstattung zuzüglich eines festen Zuschlags
(s. Einführung 2.4, Vertragsarten)

cost plus fixed fee contract

(see Introduction 2.4, Types of Contract)

350 Pauschalvertrag m.

= **lump sum contract**

351 Stundenlohnvertrag m.
(Vertrag, bei dem dem Auftragnehmer zu den tatsächlichen Kosten für Lohn und Material für jeden Posten getrennte prozentuale Zuschläge im Hinblick auf Gemeinkosten und Gewinn gezahlt werden; andererseits kann die

± **daywork contract**
(contract under which the contractor is reimbursed the actual cost of labour and materials with separate percentage additions to each of those items to cover overheads and profit; alternatively, daywork rates for labour may be quoted which are inclusive

Bezahlung auch in der Weise geschehen, daß Lohn, Gemeinkosten und Gewinn in einem festen Betrag enthalten sind.)

of wages, overheads and profit.)

352 **Preis** m. = price

353 **Vertragspreis** m. = contract price

354 **Einheitspreis** m.; = unit price;
(Preis m. pro Einheit) (price per unit)

355 **Pauschalpreis** m. = lump sum price

356 **Marktpreis** m. = market price; current price; (competitive price)

356a **Selbstkostenpreis** m. = cost price

356b **Höchstpreis** m. = maximum price; ceiling price

357 ≠ fixed price
Üv.: gebundener Preis m.
(vereinbarter Preis, der hinsichtlich der Lohn- und Materialanteile u. U. der Veränderung unterliegt)
(an agreed price which is subject to adjustment for changes in the cost of labour or materials)

358 **Festpreis** m. = firm price
(vereinbarter Preis, der hinsichtlich der Lohn- und Materialanteile der Veränderung **nicht** unterliegt)
Hinweis: Die beiden letzteren Begriffe werden im Vereinigten Königreich von einigen öffentlichen Auftraggebern und anderen Stellen im gegensätzlichen Sinn gebraucht.)
(an agreed price which is **not** subject to adjustment for changes in the cost of labour and materials)
Note: the terms "fixed price" and "firm price" may be used by some contracting authorities and others in the UK in the opposite sense.)

359 ≠ provisional price
Üv.: vorläufiger Preis m.
(vorläufiger Preis, der üblicherweise aus einer Schätzung der Fertigungseinzelkosten und Schätzung der Gemeinkosten nach den Erfahrungswerten des Rechnungswesens hergeleitet wird; er soll Zahlungen für gebilligte Lieferungen ermöglichen, die aufgrund eines Vertrages geleistet worden sind, bei
(a temporary price [usually based on a technical estimate of prime costs and accountancy estimate of overheads] to enable payments to be made for approved deliveries under a contract pending the settlement of a final price)

dem der endgültige Preis noch festgesetzt werden muß.)

360   ≠
Üv.: Richtpreis m.
(s. Einführung 2.4, Vertragsarten)

target cost;
~ price
(see Introduction 2.4, Types of Contract)

361   Preisvorbehalt m.

= reservation as to the price

362   Preisaufschlüsselung f.;
Preisaufgliederung f.

(Aufteilung in einzelne Preiskomponenten, insbesondere in Material, Lohn, Gemeinkosten und Gewinn)

± make-up of price; build-up of price;
price make-up; price build-up;
price breakdown
(segregation of a price into components, usually under the headings of materials, labour, overheads and profit)

3.10 Preisermittlungsgrundlagen

Price Elements

363   Preisermittlung f.;
Preiskalkulation f.
(Preisermittlungsgrundlagen fpl.)

= price calculation

= (elements of the price)

364   Kosten pl.

= costs; expenses; charges

365   Einzelkosten pl. für Lohn und Material

= prime cost

366   ≠
Üv.: Entgelt n. für eventuell im Rahmen eines Vertrags anfallende Leistungen
(Begriff wird in Musterbedingungen für öffentliche Aufträge verwandt; er bezieht sich auf den Betrag, der im Rahmen der Gesamtauftragssumme für eventuell anfallende Leistungen vorgesehen ist.)

provisional sum

(term used in standard forms of contract referring to the sum included in the contract price for provisional items)

367   Lohnkosten pl.

= cost of wages;
wage costs

368   Lohn- und Gehaltsnebenkosten pl.

= ancillary wage and salary costs

369   Gemeinkosten pl.
(Gemeinkosten beinhalten bei Produktionsunternehmen die allgemeinen laufenden Geschäftsausgaben, z. B. Miete, Zinsen, Betriebsstoffe, Licht, Wasser,

= overheads
(For a manufacturing firm overheads comprise the general expenses of running the business, e. g. rent, rates, fuel, light, water, office salaries etc. which have not been

	Gehälter, außerdem Einzelkosten für Lohn und Material. Sie werden im allgemeinen als Prozentsatz der produktiven Lohnkosten angesehen.)		included in the prime cost of industrial labour and materials used. They are generally calculated as a percentage of the productive labour costs.)
370	allgemeine Geschäftskosten pl.	=	general running costs
371	Baustelleneinrichtungskosten pl.	=	site installation costs
372	Unternehmerwagnis n.	=	risk of the contractor
373	Wagnis n. Wagniszuschlag m.	= =	risk contingency sum
374	Gewinn m.	=	profit
375	≠ Üv.: Betrag m. voraussichtlicher Gestehungskosten zur Abwicklung von Nachunternehmerverträgen (im Hauptvertrag enthaltener Betrag, der dazu dient, die Kosten des von dem benannten Unterauftragnehmer zu liefernden Materials oder der von ihm auszuführenden Bauarbeiten zu decken; dem Hauptauftragnehmer wird zusätzlich als Gewinn und Wagnis ein anteilmäßiger Prozentsatz gezahlt.)		P. C. (Prime Cost) Sum (a sum included in the main contract price to cover the cost of materials to be delivered by a nominated specialist supplier or work to be executed by a nominated specialist sub-contractor; the main contractor is paid the actual sum due to the supplier or sub-contractor plus a quoted percentage to cover incidental attendance and profit.)

3.11 Öffentlich-rechtliche Preisvorschriften — Public Law Pricing Regulations

376	Preisvorschriften fpl. Preisbehörde f.	± =	price regulations; regulations on prices price control office (board)
377	Preisgesetz n. (gesetzliche Grundlage der öffentlich-rechtlichen Preisvorschriften)		≠ tp.: Price Law (legal basis of public law price regulations)
378	Baupreisverordnung f. – VO PR Nr. 1/72 – (s. Einführung 1.4)		≠ tp.: pricing regulations for public works contracts – *VO PR* No. 1/72 – (see Introduction 1.4)
379	Verordnung f. über Preise bei Lieferungen und sonstigen Leistungen		≠ tp.: pricing regulations for public supplies

	– VO PR Nr. 30/53 – (s. Einführung 1.4)	and services contracts – *VO PR* No. 30/53 – (see Introduction 1.4)
380	**Leitsätze** mpl. **für die Preisermittlung aufgrund von Selbstkosten (LSP)**	≠ tp.: principles of price determination based on cost *(LSP)*
381	**Preisprüfung** f.	≠ tp.: price investigation; ∼ audit
3.12	**Angebotsprüfung** f.	**Examination of Tenders**
382	**Prüfung** f. **der Angebote;** **Angebotsprüfung** f. (geregelt in § 23, VOL/A und in § 23 VOB/A)	= examination of tenders; checking of tenders (regulated in S. 23 *VOL/A* and in S. 23 *VOB/A*)
383	**Eignung** f. **des Bewerbers**	= suitability of applicant; ∼ of tenderer
384	**Zuverlässigkeit** f. **zuverlässig**	= reliability; trustworthiness = reliable; trustworthy
385	**Leistungsfähigkeit** f. **leistungsfähig**	= efficiency = efficient
386	**Fachkunde** f. **fachkundig**	= professional qualification = competent; skilful
387	**Berufsregister** n. (in Deutschland: Handelsregister und Handwerksrolle; im Vereinigten Königreich: *Register of Companies* – als einziges offizielles Register)	± professional register; trade register (in Germany: *Handelsregister* and *Handwerksrolle*; in the UK: the only relevant official register is the Register of Companies)
388	≠ Üv.: **Standardformular** n. **über Auskunftsersuchen**	**standard form of factual enquiry**
389	**Ausschluß** m. ∼ **eines Angebots**	= exclusion = ∼ of a tender

153

3.13	Angebotswertung, Zuschlag, Aufhebung der Ausschreibung		Tender Assessment, Contract Award, Decision not to Award a Contract
390	Wertung f. der Angebote	=	assessment of the tenders; evaluation of the tenders
	Angebotswertung f.	=	tender assessment; ~ evaluation
	(geregelt in § 25 VOL/A und § 25 VOB/A)		(regulated by S. 25 VOL/A and S. 25 VOB/A)
391	Zuschlagskriterien npl.	=	criteria for the award (of a contract)
392	wirtschaftliches Angebot n. (VOL)	=	most economic tender; tender offering best value for money
	(geregelt in § 25 VOL/A)		(regulated by S. 25 VOL/A)
393	annehmbarstes Angebot n. (VOB)	≠	
			tp.: most acceptable tender; most acceptable offer (in respect of all technical, economic and, where relevant, design and functional aspects;
	(geregelt in § 25 VOB/A)		regulated by s. 25 *VOB/A*)
394	niedrigstes Angebot n.	=	lowest tender
395	ein Angebot n. annehmen	=	to accept a tender
396	Annahme f. (eines Angebots)	=	acceptance (of a tender)
397	Auftragssumme f.	=	contract sum; ~ price
398	Pauschalangebot n. (Dieser Ausdruck wird mehr für Bauaufträge als für Lieferaufträge gebraucht, bei denen die Ausdrücke *firm price* oder *fixed price* gebräuchlicher sind.)	=	lump sum tender (This term is used more for construction contracts than for supply contracts, where the terms "firm price" or "fixed price" are more common.)
399	Zuschlag m.	=	acceptance of a tender; award of a contract; contract award
	Auftragsvergabe f.	=	award of a contract
	Zuschlagsempfänger m.	=	successful tenderer

400	Zuschlagsfrist f.; (Bindefrist f.) (Zeitraum, innerhalb dessen der Auftraggeber den Auftrag erteilen kann; gleicher Zeitraum wie die Bindefrist)	=	tender validity period (period during which the contracting authority may award the contract; this period is the same as the tender validity period.)
401	Zuschlagsschreiben n.; (Auftragsschreiben n.; Annahmeschreiben m.)	=	letter of acceptance (of a tender)
402	Vertragsabschluß m.	=	conclusion of a contract
403	Vertragsurkunde f., von beiden Vertragspartnern unterzeichnet (s. § 29 VOL/A und § 29 VOB/A) ~, gesiegelt	= =	(formal) agreement signed under hand by both parties to the contract deed; contract executed under seal
404	nicht berücksichtigtes Angebot n.	=	unsuccessful tender
405	Aufhebung f. der Ausschreibung (geregelt im § 26 VOL/A und § 26 VOB/A)	≠	tp.: decision not to award a contract (regulated by S. 26 *VOL/A* and S. 26 *VOB/A*)

3.14 Ausführung, Abnahme

Performance of Contract, Acceptance

406	Ausführungspläne mpl.	=	construction drawings
407	Ausführungsunterlagen fpl. (geregelt in § 3 VOB/B)	=	documents relating to execution (of the contract) (regulated by S. 3 *VOB/B*)
408	Bauzeitenplan m.; Baufristenplan m.	=	construction programme
409	Ausführungsfirst f.	=	**period for completion**
410	Vertragsfrist f. (die im Vertrag vorgesehene Frist für die Ausführung der Leistung)	=	contract period; completion date (period or time specified by a contract for completion of the services or works)
411	Lieferfrist f.; Übergabefrist f.	=	delivery period; period of delivery; delivery date; time for delivery

	Nachfrist f.	= extension of time; additional period of time
412	Aufforderung f. zum Beginn der Ausführung	= instruction to commence the work
413	Beginn m. der Arbeiten	= commencement of the works
414	Lieferung f. liefern	= delivery; supply = to deliver; to supply
415	Anlieferung f.; (Ablieferung f.)	= delivery; supply
416	Anlieferungstermin m.	= date fixed for delivery; delivery date
417	Annahmestelle f.	= acceptance point; $\sim$ place
418	Anlieferungsstelle f.; Annahmestelle f.)	= place of delivery
419	Anordnungen fpl. des Auftraggebers	= instructions given by the contracting authority
420	Beistellung f. von Stoffen durch den Auftraggeber	= provision of building materials by the contracting authority
421	Baustelle f. (Für die Ordnung auf der Baustelle ist der Auftraggeber verantwortlich.)	= site; construction site (The contracting authority is responsible for maintaining good order on the site.)
422	Arbeitsstelle f. (Für die Ordnung auf der Arbeitsstelle ist der Auftragnehmer verantwortlich.)	= workplace (The contractor is responsible for maintaining good order at his workplaces on the site.)
423	Montagestelle f.	= place of installation; $\sim$ of erection; erection point; installation point
424	Anschlüsse mpl. für Wasser und Energie	= connection points for water, gas and electricity
425	Baustellenbewachung f.	= site supervision

426	Baustellensicherung f.	=	site safety
427	Baustelleneinrichtung f.	=	site installation
428	Baustellenreinigung f.	=	cleaning of the site
429	Benutzung f. von Lager- und Arbeitsplätzen, Zufahrtswegen, Anschlußgleisen, Wasser- und Energieanschlüssen	=	utilization of storage and working areas, access routes, sidings, connections for water and energy
430	Ausführung f.; (Durchführung f.)	=	execution; performance; carrying out
	~ der Arbeiten	=	~ ~ of works
	~ des Vertrags	=	~ ~ of the contract
	~ der Leistung	=	~ ~ of the services
431	Überwachung f. der Leistung	=	supervision of the works
432	Bauleiter m. des Auftragnehmers; Oberbauleiter m. (Vertreter des Auftragnehmers für die Leitung der Ausführung)	=	site agent (the contractor's senior representative on site; controls the execution of the work)
433	Menge f.	=	quantity
	Mehrmenge f. (geregelt in § 2 VOB/B)	=	additional quantity (regulated in S. 2 VOB/B)
	Mindermenge f. (geregelt in § 2 VOB/B)	=	reduced quantity (regulated in S. 2 VOB/B)
434	Mehrleistung f.	=	additional works, services or supplies
435	Minderleistung f.	=	reduction in quantity of works, services or supplies
436	Mehrkosten pl.	=	additional costs
437	Minderkosten pl.	=	reduction in costs
438	Nachtragsangebot n.	=	quotation for variations to the contract works
439	Nachbestellung f.	=	follow-up order; supplementary order; additional order
	(im Anschluß an einen bestehenden Vertrag; geregelt z. B. in § 3 VOL/A)		(in conjunction with an existing contract; regulated e. g. by S. 3 VOL/A)

440	Leistungsprüfung f. von technischen Einrichtungen und Anlagen; (Funktionsprüfung f.)	=	performance test; (acceptance test, test on completion)
	(Prüfung technischer Einrichtungen unter den betrieblichen Bedingungen nach Beendigung der Installation, aber vor Erteilung des Abnahmeprotokolls)		(testing of plant under actual operational conditions after completion of installation but prior to the issue of a Taking-over Certificate or a Completion Certificate)
441	Güteprüfung f. (s. § 13 VOL/B)	=	quality test(ing) (see S. 13 VOL/B)
442	Güteprüfdienst m.	= ∼	Quality Testing Service; Inspection Service
443	Gutachten n.	=	expert opinion
444	Fertigstellung f. der Leistung	=	completion of the works or services
445	Vollendung f.; Erfüllung f.	=	completion
	vollenden	=	to complete
446	Aufmaß n. (den Leistungsumfang feststellen)	=	measurement
447	Üv.: Standardaufmaßregelungen fpl. für Ingenieurbauten	≠	Standard Method of Measurement for Civil Engineering Works
448	Abnahmetermin m.	=	date of practical completion
449	abnehmen	=	to accept
450	Abnahme f.	=	acceptance
	(Begriff des deutschen Zivilrechts; er beinhaltet vor allem die tatsächliche Übernahme und die Billigung der Leistung; im Vereinigten Königreich gibt es im Hinblick auf die Abnahme eine Reihe unterschiedlicher Regelungen in den Mustervertragsbedingungen.)		(Under German law this means the approval and taking over of the supplies or works; in the UK there are a number of different provisions in standard forms of contract, relating to this event.)
451	förmliche Abnahme f.	≠	tp.: formal acceptance
	(erfolgt auf Verlangen gemeinsam durch den Auftraggeber und den Auftragnehmer und schließt eine stillschweigende Abnahme aus)		(takes place following a request by either party and a joint inspection statement; this excludes deemed acceptance.)

452	Abnahmeprotokoll n. (Niederschrift über die Abnahme; bestätigt die vertragsgemäß Leistung mit Datumsangabe)	=	**certificate of practical completion** (This expression is used in the UK in the JCT conditions; various other expressions are used also, e. g. ICE conditions – certificate of substantial completion.)
453	Üv.: Abnahmezertifikat n. (erteilt der öffentliche Auftraggeber dem Auftragnehmer bei zufriedenstellender Erbringung der vertraglichen Leistungen; in den Mustervertragsbedingungen im Vereinigten Königreich werden dafür verschiedene Ausdrücke gebraucht.)	≠	**certificate of acceptance;** **completion certificate** (issued to the contractor by the contracting authority on satisfactory completion of the contract works; particular expressions are used in UK standard forms of contract, e. g. – – Certificate of practical completion [JCT Form] – Certificate of Substantial Completion [ICE Form] – Taking-Over Certificate [Model Form A].)
454	Teilabnahme f. (Abnahme eines in sich abgeschlossenen Teiles der Leistung)	=	**partial acceptance** (acceptance of a part of the works which is complete in itself)
455	**stillschweigende Abnahme** f. (fiktive Abnahme nach § 12 Nr. 5 VOB/B: sie findet statt, wenn eine förmliche Abnahme nicht vereinbart ist. Sie erfolgt durch Mitteilung von der Fertigstellung oder durch Benutzung der Leistung; ähnliche Regelungen in den Mustervertragsbedingungen im Vereinigten Königreich.)	≠	tp.: **deemed acceptance** (regulated by S. 12 No. 5 *VOB/B:* takes place following notification of completion of the works where formal acceptance is not stipulated, or earlier where the contracting authority uses the works; similar provision exists in UK standard forms of contract.)
456	in Gebrauch m. nehmen	=	to use; to take into use
457	Übergabe f.	=	handing over
458	Abnahmeverweigerung	=	rejection of the works; refusal to accept the works
3.15	**Abrechnung, Zahlung**		**Invoicing, Payment**
459	Abrechnung f. abrechnen	= =	invoicing to invoice

460	Berechnung f. erbrachter Leistungen; Bewertung f. erbrachter Leistungen (Berechnung des Wertes der ausgeführten Leistungen auf der Grundlage der vertraglichen Sätze, Mengen und Preise)	±	valuation (assessment of the value of work executed based upon contract rates and prices)
461	Zahlungsweise f.	=	method of payment
462	Zahlungsbedingungen fpl.	=	terms of payment
463	Zahlung f. nach Herstellungsfortschritt bei Lieferverträgen (Zahlung an den Auftragnehmer während der Herstellung entsprechend dem Teil der Ausführung oder entsprechend dem Wert der fertiggestellten Arbeiten)	=	progress payment (a payment to a contractor of a proportion of his expenditure, or of the value of work completed, during the progress of manufacture)
464	Üv.: Einbehalt m. eines Teils der Vergütung bei Abschlagszahlungen (s. Einführung 2.3, Rechte und Pflichten der Vertragsparteien)	≠	retention money (see Introduction 2.3, Rights and Obligations of the Contracting Parties)
465	Fälligkeit f.	=	due date
466	fällig fälliger Anspruch m.	= =	due due payment
467	Vergütung f.	=	contract price; contract sum
468	Beschleunigungsvergütung f.	=	early completion bonus
469	Skonto n.	=	discount for early payment
470	Zahlungsverzug m.	=	default in payment
471	Zahlungsunfähigkeit f.	=	inability to pay; insolvency
472	Rechnung f. Abschlagsrechnung f. Schlußrechnung f. Abrechnung f.	= = = =	account; invoice interim account; invoice for a payment on account final account; final invoice submission of accounts; invoicing

473	Abschlagszahlung f.	=	payment on account; progress payment
	Abschlagszahlung f. für angelieferte Stoffe und Bauteile	=	payment for materials and components delivered to the site
	Abschlagszahlung f. für eigens angefertigte und bereitgestellte Bauteile	=	payment for components fabricated off-site, especially for the works
	Abschlagszahlung f. prozentual oder nach Beträgen, die bei Fertigstellung bestimmter Teilleistungen zu entrichten sind	=	payment of percentages or parts of the contract price when specified stages of completion have been reached; (stage payments)
3.16	Sicherheitsleistung, Gewährleistung, Vertragsverletzung		Provision of Security, Warranty, Breach of Contract
474	Verteilung f. der Gefahr	=	allocation of risk
475	Gefahrübergang m.	=	passing of risk
476	höhere Gewalt f.	=	force majeure
477	Gefahrtragung f. bei höherer Gewalt	=	bearing of risk in the event of force majeure
478	Sicherheitsleistung f.	=	provision of security
	Sicherheit f. durch Einbehalt von Geld	=	security by retention of money
	Sicherheit f. durch Hinterlegung von Geld	=	security by deposit of money
	Sicherheit f. durch (selbstschuldnerische) Bürgschaft einer Bank	=	security by a bank guarantee
	Sicherheit f. durch Sicherungsübereignung	=	security by transfer of ownership
479	Bürge m.	=	guarantor; surety
480	Bürgschaft f. (üblicherweise Bankbürgschaft unter Verzicht auf die Vorausklage und ohne zeitliche Begrenzung)	=	(contract of) guarantee; bond (usually a bank guarantee payable on demand and having no time limitation)
481	Eigentumsübertragung f. mit der Erklärung, daß die Sache frei von Rechten Dritter ist	±	transfer of ownership and declaration of freedom from third party liens
482	Gewährleistungsbürgschaft f.	=	maintenance bond
483	Vertragserfüllungssicherheit f.; Sicherheit f. für die Vertragserfüllung	=	security for performance of a contract

484	Ausführungsbürgschaft f.	=	performance bond
485	Mangel m.	=	defect
486	arglistig verschwiegener Mangel m. arglistig einen Mangel verschweigen	= =	fraudulently concealed defect to fraudulently conceal a defect
487	unwesentlicher Mangel m.	=	minor defect
488	wesentlicher Mangel m.	=	major defect
489	verdeckter Mangel m.	=	latent defect
490	Mängelanzeige f.; Mängelrüge f.	=	notice (notification) of defects
491	Mängelbeseitigungsleistung f. (VOB); (Beseitigung f. des Mangels)	=	remedial work
492	Ausführung f. zu Lasten des Auftragnehmers durch Beauftragung eines Dritten oder durch Ausführung durch den Auftraggeber selbst	=	execution (of the works) by a third party or by the contracting authority at the contractor's expense
493	Gewährleistung f. Verjährungsfrist f. für die Gewährleistung; (Gewährleistungsfrist f.) (vertraglich festgelegter Zeitraum, beginnend mit der Beendigung der Arbeiten oder der Abnahme, innerhalb dessen der Auftragnehmer für Mängel der Leistung einzustehen hat; in den Musterbedingungen *JCT* u. a. wird dieser Zeitraum als *maintenance period* oder *defects liability period* bezeichnet; s. Einführung 2.3, Rechte und Pflichten der Vertragsparteien.)	= =	warranty; guarantee warranty period; guarantee period (a period, defined in the contract and commencing on completion [or taking over] of the works, during which the contractor is responsible for making good any defects; in the standard forms JCT etc., this period is termed the "maintenance period" or the "defects liability period"; see Introduction 2.3, Rights and Obligations of the Contracting Parties.)
494	Leistungsstörung f.	=	default in performance
495	Vertragsverletzung f.	=	breach of contract
496	Verzug m. (nach deutschem Recht: bestimmte Rechtsfolgen, die eintreten, wenn bei Fälligkeit nicht geleistet wird;	±	late performance (under German law: certain legal consequences arise when performance does not take place on time or by the due date;

	Rechtsbegriff im englischen Recht unbekannt; alle Rechtsfolgen verspäteter Leistung hängen davon ab, ob der Zeitpunkt der Leistung für den Vertrag wesentlich ist oder nicht.)		in English Law the legal consequences of late performance depend on whether time is of the essence of the contract or not.)
497	Behinderung f. der Ausführung der Arbeiten (geregelt in § 6 VOB/B)	=	delay in the execution of the works; impediment to the execution of the works (regulated by S. 6 VOB/B)
498	Unterbrechung f. (der Ausführung) der Arbeiten (geregelt in § 6 VOB/B)	=	interruption (of execution) of the works (regulated by S. 6 VOB/B)
499	Einstellung f. der Arbeiten	=	suspension of the works
500	Kündigung f. des Vertrags; Lösung des Vertragsverhältnisses (VOL); Entziehung f. des Auftrags (VOB)	=	termination of the contract
501	kündigen (einen Vertrag)	=	to terminate (a contract); to determine (a contract)
502	Kündigungsfrist f. Nachfrist f.	= =	period of notice extension of time
503	Haftung f.	=	liability
504	Streitigkeiten fpl. (Regelungen in § 19 VOL/B und in § 18 VOB/B; für das Vereinigte Königreich s. Einführung 2.5)	=	disputes; differences (regulations in S. 19 VOL/B and S. 18 VOB/B; for the United Kingdom see Introduction 2.5)
505	Meinungsverschiedenheiten fpl. (geregelt in § 19 VOL/B und in § 18 VOB/B; s. auch Einführung 1.5 und 2.5)	=	differences (of opinion); disagreements (regulated in S. 19 VOL/B and in S. 18 VOB/B; see also Introduction 1.5 and 2.5)
506	Vertragsstrafe f.	=	contractual penalty
507	Schadensersatz m. (aufgrund eines Vertrags)	=	damages (for breach of contract)
508	≠ Üv.: pauschalierter Schadensersatz m. (im Vertrag im voraus der Höhe nach festgelegt)		liquidated damages

(s. Einführung 2.3, Rechte und Pflichten der Vertragsparteien) (see Introduction 2.3, Rights and Obligations of the Contracting Parties)

509 **Gerichtsstand** m. = **venue (of jurisdiction);**
place of jurisdiction;
jurisdiction

Alphabetischer Index

(Die Zahlen hinter den Stichwörtern bezeichnen die Nummern der Wortstellen im Wortgut.)

Abbrucharbeiten 231
Abgebot 340
Ablieferung 415
Abnahme 450
~ der Arbeiten 493
~ eines in sich abgeschlossenen Teiles der Leistung 454
~, fiktive 455
~, förmliche 451, 455
~, stillschweigende 455
Abnahmeprotokoll 440, 452
Abnahmetermin 448
Abnahmeverweigerung 458
Abnahmezertifikat 453
abnehmen 449
abrechnen 459
Abrechnung 459, 472
Abschlagsrechnung 472
Abschlagszahlung 473
~ für angelieferte Stoffe und Bauteile 473
~ für eigens angefertigte und bereitgestellte Bauteile 473
~ prozentual oder nach Beträgen, die bei Fertigstellung bestimmter Teilleistungen zu entrichten sind 473
Absicht der Auftragsvergabe bekanntgeben 271
Absprachering 182
Ad-hoc-Unternehmerliste 318
Allgemeine Technische Vorschriften für Bauleistungen 94, 190
~ Vertragsbedingungen für Aufträge der Regierung für den Hoch- und Tiefbau 87

~ Vertragsbedingungen für die Ausführung von Bauleistungen 56
~ Vertragsbedingungen für die Ausführung von Leistungen 55
~ Vertragsbedingungen für Maschinenbau und elektrotechnische Dienste und Anlagen, herausgegeben von der PSA 89
Amt für amtliche Veröffentlichungen der Europäischen Gemeinschaften 104
~ für nationale Wirtschaftsentwicklung 120
Änderungen der Lohn- oder Materialkosten 303
Änderungsvorschlag 341
Anerkannte Listen 317
Anforderungen, technische, wirtschaftliche, gestalterische und funktionsbedingte 294
Angebot 329
~, annehmbarstes 393
~, ein ~ abgeben 332
~, ein ~ annehmen 395
~ mit Einheitspreisen 329
~, nicht berücksichtigtes 404
~, niedrigstes 394
~, wirtschaftlichstes 392
Angebote, verspätete 338
Angebotsabgabe, nicht zur ~ aufgefordert werden 319
Angebotsfrist 331
Angebotskosten 333

Angebotspreis 339
Angebotsprüfung 382
Angebotsschreiben 330
Angebotsunterlagen 289
Angebotsverfahren 328
~ mit Preisvorgaben 283
Angebotswertung 390
Anlieferung 415
Anlieferungsstelle 418
Anlieferungstermin 416
Annahme eines Angebots 396
Annahmeschreiben 401
Annahmestelle 417, 418
Anordnungen des Auftraggebers 419
Anschlußauftrag 198
Anschlüsse für Wasser und Energie 424
Anspruch, fälliger 466
Anstalt des öffentlichen Rechts 24
~, öffentliche 24
Antrag auf Aufnahme in die Bieterliste 278
~ auf Teilnahme 278
Arbeiten oder Lieferungen, zusätzliche 297
Arbeitnehmer 36
Arbeitsgemeinschaft 309
Arbeitslosigkeit 323
Arbeitsstelle 422
Architektenkammer 130
Arten der Vergabe 259
Artikel, gesetzlich geschützte 219
ATV 94, 190
Auf- und Abgebotsverfahren 283
Aufforderung nur eines Bieters zur Angebotsabgabe 279

165

~, öffentliche ~ zur Teilnahme am Wettbewerb 280
~ zum Beginn der Ausführung 412
~ zur Angebotsabgabe 277
~ zur Angebotsabgabe, spezielle 318
Aufhebung der Ausschreibung 405
Auflistung der Angebote 338
Aufmaß 446
Aufmessen und Bewertung der ausgeführten Arbeiten 300
Aufteilung in einzelne Preiskomponenten 362
Auftrag 207
~ geringen Umfangs 251
~, öffentlicher 6
Auftraggeber 8, 421
~, öffentlicher 7, 8, 453
Auftragnehmer 9, 422, 453, 493
Auftragsberatungsstelle 128
Auftragsschreiben 401
Auftragssumme 397
Auftragsvergabe 399
Ausbau, technischer 240
Ausführung 430
~ der Arbeiten 430
~ der Leistung 410, 430
~ des Vertrags 430
~ zu Lasten des Auftragnehmers durch Beauftragung eines Dritten oder durch Ausführung durch den Auftraggeber selbst 492
Ausführungsbürgschaft 484
Ausführungsfrist 409
Ausführungspläne 406
Ausführungstermin 59
Ausführungsunterlagen 407
Ausgabe, eine ~ bewilligen 13

Ausgaben 13
~ leisten 13
~ veranschlagen 13
Ausrüstung, technische 240
Ausschluß 389
~ eines Angebots 389
~ von der Teilnahme am Wettbewerb 327
ausschreiben 275
Ausschreibung 276
~, öffentliche 256, 262
Ausschuß des Parlaments 112
~ für Beschaffungspolitik 136

Bankbürgschaft 480
Bauarbeiten 222, 375
~ oder Leistungen, zusätzliche 297
Bauauftrag, öffentlicher 224
Bauentwurf 236
Baufristenplan 408
Baukosten 238
Baukostensachverständiger 300
Bauleistungen 220
Bauleitender Architekt 246
~ Ingenieur 245
Bauleiter des Auftraggebers 244
~ des Auftragnehmers 432
Baupreisverordnung 378
Baustelle 421
Baustellenbewachung 425
Baustelleneinrichtung 427
Baustelleneinrichtungskosten 371
Baustellenreinigung 428
Baustellensicherung 426
Baustoffe 239
Bauteile 237
Bauträger 315
Bauunterhaltungsarbeiten 232
Bauvergabe 223
Bauvertrag 225

Bauwirtschaft 37
Bauzeitenplan 408
BDA 161
BDB 160
BDI 152
Bedarf 14
Bedarfsdeckung 2, 15
~ besonderer Leistungen 58
Bedarfsermittlung 16
Bedarfsposition 297
Bedarfsschätzung 17
Bedingungen, betriebliche 440
Beendigung der Arbeiten 493
~ der Installation 440
Befugnisse, standesrechtliche 145
befugt sein, bestimmte Leistungen oder Lieferungen von Waren auszuführen 317
Beginn der Arbeiten 413
Begleitschreiben 330
Begrenzung, ohne zeitliche 480
Behinderung der Ausführung der Arbeiten 497
Behörde 8
Beistellung von Stoffen durch den Auftraggeber 420
Bekanntmachung 269
~ der Vergabeabsicht 273
Benutzung von Lager- und Arbeitsplätzen, Zufahrtswegen, Anschlußgleisen, Wasser- und Energieanschlüssen 429
Beratender Ausschuß für öffentliche Aufträge 124
Berechnung des Wertes der ausgeführten Leistungen 460
~ erbrachter Leistungen 460

Bericht «Öffentliche Aufträge und Beschaffungsverfahren der Regierung» 81
Berücksichtigung kleiner und mittlerer Unternehmen bei der Vergabe öffentlicher Aufträge, bevorzugte 64
Berufsregister 387
Berufszugangsregelungen 145
Beschaffungsstelle 111
Beschaffungswesen 3
Beschleunigungsvergütung 468
Beschluß des Rates vom 26. Juli 1971/21. Dezember 1976 zur Einsetzung eines Beratenden Ausschusses für öffentliche Aufträge 43
Beschränkte Ausschreibung 257, 264
~ Ausschreibung mit öffentlichem Teilnahmewettbewerb 263
Beschreibung der Bauaufgabe 294
~ der Leistung 293
~, genaue ~ der vertraglich geforderten Güter 292
Beschützte Werkstätten für Behinderte 326
Beseitigung des Mangels 491
Besondere Bevorzugungsregelung 83
~ Vertragsbedingungen 59
Betrag 366
~, im Hauptvertrag enthaltener 375
~ voraussichtlicher Gestehungskosten zur Abwicklung von Nachunternehmerverträgen 375
Betriebstechnik 240

Bevorzugter Bewerber 322
Bewerber 306, 307
~, ausgeschlossener 306
Bewerbungsbedingungen 282
Bewertung erbrachter Leistungen 460
Bezeichnung, verkehrsübliche 193
Bieter 307, 308
~, ausgewählter 308
~ mit dem günstigsten Angebot 308
Bietergemeinschaft 308
Billigung der Leistung 450
Bindefrist 281, 400
Blindenwerkstätten 62
BMBau 107
BMV 108
BMWi 109
Börsenwaren 218
Britische Vereinigung der Elektroindustrie und zugehöriger Maschinenherstellung 171
Bund Deutscher Architekten 161
~ Deutscher Baumeister, Architekten und Ingenieure 160
Bundesarchitektenkammer 131
Bundesausschreibungsblatt 274
Bundeshaushaltsordnung 47
Bundesminister für Raumordnung, Bauwesen und Städtebau 107
~ für Verkehr 108
~ für Wirtschaft 109
Bundesrechnungshof 106
Bundesverband der Deutschen Industrie e. V. 152
~ des Deutschen Groß- und Außenhandels e. V. 155
Bundes-VOB-Stelle 127

Bürge 479
Bürgschaft 480

CEI-Normen 103
CEN-Normen 101
CENELEC-Normen 102

Dauerauftrag 207
Deutscher Industrie- und Handelstag 153
~ Verdingungsausschuß für Bauleistungen 126
~ Verdingungsausschuß für Leistungen – ausgenommen Bauleistungen 125
Deutsches Institut für Normung 129
Dienstanweisung 51
DIN 129
Diskriminierungsverbot 179
Dringlichkeit 34
Durchführung 430
~ der Arbeiten durch die Verwaltung selbst 252
DVA 126
DVAL 125

Effizienzprogramm von 1983 77
EGKS-Normen 99
Eigentumsübertragung mit der Erklärung, daß die Sache frei von Rechten Dritter ist 481
Eignung des Bewerbers 383
~ für die Mengenproduktion 251
Einbehalt eines Teils der Vergütung bei Abschlagszahlungen 464
Einführung neuer Industrien 323
Einheitspreis 354

167

Einheitspreisvertrag ohne genaue Mengenangaben 344
Einstellung der Arbeiten 499
Einstufige Beschränkte Ausschreibung 265
Einzelangaben zur Ausführung 59
Einzelheiten der Bekanntmachung 277
~ für die Durchführung 292
Einzelkosten für Lohn und Material 365, 369
Entgelt für eventuell im Rahmen eines Vertrags anfallende Leistungen 366
Entwicklung eines Prototyps 249
Entwicklungsauftrag 250
Entwicklungsgebiet 323
Entwicklungsgesellschaft 134
Entwicklungszwischengebiete 324
Entwurfsbearbeitung 294
Entziehung des Auftrags 500
Erbringung der vertraglichen Leistung, zufriedenstellende 453
Erdarbeiten 229
Erfüllung 445
Erfüllungsort 59
Ergänzende Vertragsbedingungen 58
Erklärung der im Rat vereinigten Vertreter der Regierungen der Mitgliedstaaten über die Verfahren, die in bezug auf die Konzessionen für Bauarbeiten einzuhalten sind 44
Erkundung des Bewerberkreises 268

Erlaß 19
Eröffnungstermin 334
Erzeugnis 216
Europäische Gemeinschaft für Kohle und Stahl 99
Europäischer Verband Internationaler Bauunternehmer 156
Europäisches Komitee für elektrotechnische Normung 102
~ Komitee für Normung 101
Eventualposition 297
EWG-Koordinierungsrichtlinien 256, 257, 262, 263

Fachkunde 386
fachkundig 386
Fachlos 192
fällig 466
Fälligkeit 465
Fertigstellung der Leistung 444, 455
Festpreis 355, 358
FIEC 156
Fördergebiet 323
Forschungs- und Entwicklungsauftrag 249
Forschungs- und Entwicklungsvertrag 249
Forschungsauftrag 248
Freihändige Vergabe 267, 279
Frist 32
~, im Vertrag vorgesehene 410
Funktionsprüfung 440
Fürsorgepflicht des Auftragnehmers gegenüber seinen Arbeitnehmern 36

GATT-Kodex Regierungskäufe 45
Gebiet, abgegrenztes 323

Gebrauch, in ~ nehmen 456
Gefahrtragung bei höherer Gewalt 477
Gefahrübergang 475
Geheimhaltung der Angebote 342
Gemeindehaushaltsverordnungen 49
Gemeinkosten 369
Gemeinsame Baudienststelle der Ministerien 122
Generalübernehmer 314
Generalunternehmer 313
Gerichtsstand 509
Gesamtauftragssumme 366
Geschäftsausgaben, die allgemeinen laufenden 369
Geschäftskosten, allgemeine 370
Gesetz betreffend die Folgen unrichtiger Angaben von 1967 73
~ gegen Wettbewerbsbeschränkungen 50, 75
~ über die Lieferung von Waren und Leistungen von 1982 71
~ über die Lieferung von Waren von 1973 72
~ über örtliche Verwaltung, Planung, Grund und Boden von 1980 65
~ über unbillige Vertragsbedingungen von 1977 68
~ über Verjährung von 1980 67
~ über Verkauf von Waren 70
Gestehungskosten 375
Gewährleistung 493
Gewährleistungsbürgschaft 482
Gewährleistungsfrist 493
Gewalt, höhere 476

Gewinn 348, **374**, 375
Gewinnformel 346
Gleichbehandlung **178**
Gleichbehandlungspflicht **178**
Grundsatz für die Vergabe öffentlicher Aufträge, wichtiger 177
Grundsätze der Ausschreibung 261
~ der Vergabe 188
Gruppe der Vorsitzenden der verstaatlichten Industrien 144
Gutachten 443
Güteprüfdienst 442
Güteprüfung 441

Haftung 503
Hand, öffentliche 25, 28
Handels- und Industrieministerium 119
Handelskammer 132
Handelsregister 387
handelsüblich 217
Handwerk **38**
Handwerker **38**
Handwerksbetrieb **38**
Handwerksrolle 387
Hauptangebot 341
Hauptauftragnehmer 375
Hauptgemeinschaft des Deutschen Einzelhandels 154
Hauptunternehmer 311
Hauptverband der Deutschen Bauindustrie e. V. 157
Haushalt **12**
Haushaltsgrundsätze **12**
Haushaltsgrundsätzegesetz 46
Haushaltsmittel **12**
~ bereitstellen **12**
~ bewilligen **12**
Haushaltsordnungen der Länder 48

Haushaltsplan **12**
Hersteller 251
Herstellung, schlüsselfertige
~ eines Bauwerks zum Pauschalpreis 226
Hochbauarbeiten 230
Höchstpreis **356b**
HvBi 157

ICE-Vertragsbedingungen für Tiefbauarbeiten 90
IEC-Normen 103
Ingenieurbauarbeiten 227
Ingenieurstudienauftrag 247
Initiative öffentliche Beschaffung 78
Instandsetzungsarbeiten 232
Internationale Elektrotechnische Kommission 103
~ Normen 98
~ Organisation für Normung 100
ISO-Normen 100

Kalendertage 35
Kartellgesetz 50
Käufer 8
Kaufvertrag 212
Kommission, deren Aufgabe es ist, die Angebote zu öffnen und aufzulisten 337
Kommissionen für wirtschaftliche Entwicklung 133
Kommunalbehörden 123
Kommunale Vereinigung 141
Kommunalgesetz von 1972 66
Königlich Britische Architektenkammer 145
Königliche Kammer für öffentlich bestellte Baukostensachverständige 146
Konkurrent 186

Konzession 27
Konzessionsvergabe 27
Koordinierungsrichtlinie öffentliche Bauaufträge 42
~ öffentliche Lieferaufträge 40
Körperschaft des öffentlichen Rechts 22
Körperschaften, nichtministerielle öffentliche 24
Kosten 364
~ der Bauarbeiten 375
~ des Materials 375
~, die ~ der Nachunternehmerleistung decken 375
~ für Lohn- und Material, tatsächliche 351
Kostenanschlag 235
Kostenerstattungsvertrag 345, 347
Kostenschätzung 235, 300
Kunde 8
kündigen (einen Vertrag) 501
Kündigung des Vertrags 500
Kündigungsfrist 502

Landesrechnungshof 106
Leasing 215
Leistung 203
~, eine ~ anbieten 203
~, eine ~ bewirken 203
~, verspätete 496
Leistungen, alle ~ einer Baumaßnahme erbringen 313
~ auf Abruf ausführen 284
~ eines Gewerbezweigs 192
~ eines Handwerkszweigs 192
~, eventuell anfallende 366
Leistungsbeschreibung 292

~, funktionale 293
~ mit Leistungsprogramm 294
leistungsfähig 385
Leistungsfähigkeit 385
Leistungsprogramm 294
Leistungsprüfung von technischen Einrichtungen und Anlagen 440
Leistungsstörung 494
Leistungsumfang 446
Leistungsverzeichnis 295
Leitlinien 61
Leitsätze für die Preisermittlung aufgrund von Selbstkosten 380
Leitung der Ausführung 432
Liberalisierungsrichtlinie öffentliche Bauaufträge 41
~ öffentliche Lieferaufträge 39
Lieferanschlußauftrag 249
Lieferanschlußvertrag nach einem Forschungs- und Entwicklungsvertrag 210
Lieferauftrag, öffentlicher 205
~ über Ausrüstungsgegenstände an den Unternehmer 210
Lieferaufträge 398
Lieferfrist 411
liefern 414
Lieferung 414
Liefervertrag 206
Liste der ungefähren Mengen 299
~ fachkundiger und zuverlässiger Unternehmer 318
~ gesperrter Auftragnehmer 319
~ gesperrter Unternehmer 319
~, vertrauliche 319

~ von Unternehmern 317
Lohn- und Gehaltsnebenkosten 368
Lohngleitklausel 304
Lohnkosten 367
Los 191
Lose, in ~ zerlegen 191
Lösung des Vertragsverhältnisses 500
LSP 380

M. und E.-Arbeiten 228
Mangel 485
~, arglistig einen ~ verschweigen 486
~, arglistig verschwiegener 486
~, unwesentlicher 487
~, verdeckter 489
~, wesentlicher 488
Mängel 493
Mängelanzeige 490
Mängelbeseitigungsleistung 491
Mängelrüge 490
Marktpreis 356
Marktübersicht 184
Maschinen- und Elektroarbeiten 228
Mehrkosten 436
Mehrleistung 434
Mehrmenge 433
Mehrwertsteuer 31
Meinungsverschiedenheiten 505
Menge 433
Mengenangaben 294
Mengenermittlung 298
Merkmale, wesentliche 293
Mietkauf 215
Minderkosten 437
Minderleistung 435
Mindermenge 433
Mindestfrist 33
Minister für kleinere Unternehmen 118
Ministerien des Vereinigten Königreichs 114

Ministerium der Verteidigung 117
~ für Umweltfragen 116
Mitbewerber 186
Mitteilung von der Fertigstellung 455
Mittelstandsrichtlinien 64
Monopol- und Fusionskommission 140
Montagestelle 423
Muster 301
~ für Allgemeine Verfahrensregelungen – Aufträge – 84
~ für Allgemeine Vertragsbedingungen und Vertragsformulare «A», für Inlandsaufträge mit Montage, veröffentlicht vom Verband der Elektroingenieure 85
Musterbedingungen 8, 493
~ für öffentliche Aufträge 366
Musterklausel Nr. 43 – Preisfestsetzung 92
~ Nr. 48 – Verfügbarkeit von Informationen 91
Musterleistungsverzeichnis 294
Mustervertragsbedingungen 450, 453, 455
~ für Hochbauaufträge mit oder ohne Mengenangabe für Kommunen 88

Nachauftragnehmer 311, 321
Nachbestellung 439
Nachfrist 411, 502
Nachtragsangebot 438
Nachunternehmer 311, 321
Nachunternehmerauftrag an einen vom Auftraggeber ausgewählten Auftragnehmer 196

Nachunternehmervertrag 195
Nationaler Verband der Arbeitgeber des Hochbaugewerbes 166
Nebenangebot 341
~, ein ~ abgeben 341
Nebenleistung 190
Niederschrift über die Öffnung der Angebote 338
Norm des Deutschen Instituts für Normung e.V. 129
Normen 96–103
~ für Stahl 99
~, nationale 98
~, Qualität und internationale Wettbewerbsfähigkeit 79
~, technische 96

Oberbauleiter 243, 432
Öffentliche Ausschreibung 262
öffentliche Hand 25, 28
öffentlicher Auftrag 6
~ Auftraggeber 7
Öffentliches Auftragswesen 2
Öffnung der Angebote 335
Ordnung auf der Baustelle 421, 422
ortsansässig 325

Parlamentsausschuß 112
Pauschalangebot 398
Pauschalpreis 355
Pauschalvertrag 202, 350
Person, juristische ~ des öffentlichen Rechts 21
~, juristische ~ des privaten Rechts 26
Person mit Anordnungs- und Überwachungsfunktionen 245, 246
Planung des Bauwerks 233
Position des Leistungsverzeichnisses 296
Preis 352

~, gebundener 357
~ pro Einheit 354
~, vereinbarter 357
~, vorläufiger 359
Preisabsprache zwischen Bietern 181
Preisänderung 302
Preisaufgliederung 362
Preisaufschlüsselung 362
Preisbasis 211
Preisbehörde 376
Preisermittlung 363
Preisermittlungsgrundlagen 363
Preisgesetz 377
Preisgleitklausel 303
Preiskalkulation 363
Preis-Leistungs-Verhältnis 176
Preisnachlaß 340
Preisprüfung 381
Preisverhandlungen (des Auftraggebers mit Bietern) 183
Preisvorbehalt 361
Preisvorschriften 376, 377
Probeauftrag 251
Prozentsatz der Kosten als Gewinn 348
~ der produktiven Lohnkosten 369
Prüfung der Angebote 382
~ der Rechnungen des Auftragnehmers 300
~ technischer Einrichtungen 440
Prüfungskommission für Aufträge der Regierung 135

quangos 24
Quantity Surveyor 300

Rahmenvertrag 211
~ für einen bestimmten Zeitraum 284

Ratsbeschluß über Konzessionsvergaben 44
Rechenschaftspflicht, öffentliche 10
Rechnung 472
Rechnungshof 105
Rechnungsprüfungsausschuß (des Parlaments) 113
Rechnungswesen 11
Rechte und Pflichten des Auftraggebers und des Auftragnehmers 55, 56
Rechtsfolgen verspäteter Leistung 496
Regeln der Technik 96
~ der Technik, allgemein anerkannte 97
Regelungen, unterschiedliche ~ in den Mustervertragsbedingungen 450
Regiearbeiten 252
Regiebetrieb 253
Register, offizielles 387
Richtlinie der Kommission vom 17. Dezember 1969 über die Lieferung von Waren an den Staat, seine Gebietskörperschaften und sonstigen juristischen Personen des öffentlichen Rechts 39
~ des Rates vom 21. Dezember 1976 über die Koordinierung der Verfahren zur Vergabe öffentlicher Lieferaufträge 40
~ des Rates vom 26. Juli 1971 über die Koordinierung der Verfahren zur Vergabe öffentlicher Bauaufträge 42
~ des Rates vom 26. Juli 1971 zur Aufhebung der Beschränkungen

des freien Dienstleistungsverkehrs auf dem Gebiet der öffentlichen Bauaufträge und bei öffentlichen Bauaufträgen, die an die Auftragnehmer über ihre Agenturen oder Zweigniederlassungen vergeben werden 41
Richtlinien für die bevorzugte Berücksichtigung von bestimmten Gruppen von Personen und Unternehmen bei der Vergabe öffentlicher Aufträge 62
~ für die bevorzugte Berücksichtigung von Personen und Unternehmen aus dem Grenzgebiet zur DDR und aus Berlin (West) bei der Vergabe öffentlicher Aufträge 63
~ für die Vergabe öffentlicher Aufträge 61
~ zur öffentlichen Beschaffung 82
Richtpreis 360

Sachverständiger 242
~ für die Berechnung von Material und Lohn 300
Sammelauftrag 194
Sätze, Mengen und Preise, vertragliche 460
Schadensersatz (aufgrund eines Vertrags) 507
~, pauschalierter 508
Schatzamt 115
Schätzung der Fertigungseinzelkosten 359
~ der Gemeinkosten 359
Schlichtungsgesetz von 1950 76
Schlußrechnung 472

Schottischer Ausschuß für Bauverträge 138
Schwarze Liste 319
Schwellenwert für die Bekanntmachung öffentlicher Aufträge im Amtsblatt der EG 272
Selbstkostenerstattungsvertrag 347, 348
Selbstkostenpreis 356a
Selbstverwaltungsorganisation, berufsständische
~ der britischen Architektenschaft 145
Sicherheit durch Einbehalt von Geld 478
~ durch Hinterlegung von Geld 478
~ durch (selbstschuldnerische) Bürgschaft einer Bank 478
~ durch Sicherungsübereignung 478
~ für die Vertragserfüllung 483
Sicherheitsleistung 478
Skonto 469
Sonderausschuß des Parlaments 112
Spitzenverband der Britischen Industrie 165
Spitzenvereinigung der Fachverbände von Unternehmern des Spezial-Tiefbaus und -Ingenieurbaus 167
Standardaufmaßregelungen für Ingenieurbauten 447
Standardformular über Auskunftsersuchen 388
Ständiger Gemeinsamer Ausschuß für *ICE*-Vertragsbedingungen 150
Stelle, eine ~ der öffentlichen Hand 25
Stiftung des öffentlichen Rechts 23

Stoffgleitklausel 305
Streitigkeiten 504
Stundenlohnarbeiten 241
Stundenlohnvertrag 351
Sukzessivlieferungsvertrag 209

Teilabnahme 454
Teilleistung 296
Teillos 191
Teilnahme am Wettbewerb 185
teilnehmen, an einem Wettbewerb 185, 187
Teilnehmer am Wettbewerb 307
Tiefbauarbeiten 227

Übereinkommen über das öffentliche Beschaffungswesen vom 30. Juni 1979 in Verbindung mit dem Beschluß des Rates vom 10. Dezember 1979 über den Abschluß der multilateralen Übereinkommen, die im Zuge der Handelsverhandlungen von 1973–1979 ausgehandelt wurden 45
Übergabe 457
Übergabefrist 411
Übernahme der Leistung, die tatsächliche 450
überwachen, die Arbeiten auf der Baustelle 244
Überwachung der Leistung 431
Umfang der Leistung 189
Unterauftrag 195, 207
~ an einen vom Auftraggeber ausgewählten Auftragnehmer 196
Unterauftragnehmer 375

Unterausschuß für Hoch- und Tiefbau des Ausschusses für die Beschaffungspolitik 137
Unterbrechung (der Ausführung) der Arbeiten 498
Unterhaltungsarbeiten 284
Unterlagen 287
Unterlieferant 320
Unternehmen 312
~, federführendes ~ in einer Arbeitsgemeinschaft 310
~, mittelständisches 312
Unternehmer 311
Unternehmerliste, ständige 316
Unternehmerwagnis 372

Verantwortlichkeit, öffentliche 10
Verband Beratender Ingenieure 163
~ der Tief- und Ingenieurbauunternehmer 173
~ unabhängig beratender Ingenieurfirmen e.V. 164
~ von Spezialbauunternehmern 174
Verdingungsordnung für Bauleistungen 53
~ für Leistungen – ausgenommen Bauleistungen 52
Verdingungsunterlagen 289
Vereinbarung, wettbewerbsbeschränkende 187
Vereinigte Kommission für Bauverträge 139
Vereinigter Ausschuß für Allgemeine Mustervertragsbedingungen 149
~ Nationaler Beraterausschuß für Bauten 147

Vereinigung Britischer Bauingenieure 172
~ der beratenden Ingenieure 168
~ der Elektroingenieure 170
~ der Mechanikingenieure 169
~ Freischaffender Architekten Deutschlands e.V. 162
~ für Beschaffungswesen 148
Verfahren 254
~, bei dem der Auftraggeber die Preise angibt 283
~, bei dem die Bewerber den Preis annehmen oder höhere oder niedrigere Angebote abgeben können 283
~, beschleunigtes 258
~, förmliches 260
~, nichtoffenes ~ der EWG-Koordinierungsrichtlinien 257, 263
~, offenes ~ EWG-Koordinierungsrichtlinien 256, 262
Vergabe öffentlicher Aufträge 4, 62, 63
~ von Bauleistungen 221
~ von Lieferungen 204
Vergabebehörde 110
Vergabehandbuch 60
Vergabestelle 5
Vergabeverfahren 255
Vergabewesen 1, 3
Vergütung 467
Verhalten, wettbewerbsfeindliches 187
Verhaltensweise, unlautere 180
Verhandlungsleiter bei der Öffnung der Angebote 336
Verjährungsfrist für die Gewährleistung 493
Verkehrsunternehmen 29

Veröffentlichung im Amtsblatt der EG 270
Verordnung über Preise bei Lieferungen und sonstigen Leistungen 379
Versicherung 30
Versorgungsbetrieb 28
Versorgungsbetriebe der öffentlichen Hand 28
~ für Wasser und Energie 28
~, öffentliche 28
Verstaatlichte Industrien 142
Verteilung der Gefahr 474
Vertrag 199
~ auf der Basis der Kostenerstattung zuzüglich eines festen Zuschlags 349
~ auf der Basis von Einheitspreisen 343
~ auf der Basis von Kosten 345
~, bei dem dem Auftragnehmer seine Kosten erstattet werden 348
~, im Anschluß an einen bestehenden 439
~ über die Erforschung und Entwicklung neuer technischer Ideen 249
~ über eine Leistung gemäß der VOL 55
~ über einen Teil der Leistung mit einem Dritten 195
~ über Lieferungen oder Leistungen 211
Verträge, einfache 286
~, gesiegelte 285
Vertragsabschluß 402
Vertragsbedingungen 54
~ eines Auftraggebers für regelmäßige Leistungen 57
~ für Aufträge der Regierung für Lieferungen 86

173

~, stillschweigend einbezogene 72
~, technische 291
Vertragsbestandteil 290
Vertragsbestimmungen 201
Vertragserfüllungssicherheit 483
Vertragsfrist 410
Vertragsmuster 199
Vertragspartei 200
Vertragspreis 353
Vertragsstrafe 506
Vertragsunterlagen 288
Vertragsurkunde, gesiegelte 403
~, von beiden Vertragspartnern unterzeichnete 403
Vertragverletzung 495
Vertreter des Auftragnehmers 432
Vertriebene 62
Verwaltungsanweisung(en) 20, 61
Verwaltungsrecht 18
Verzug 496
VFA 162
VHB 60
VOB 53, 56
VOB-Ausschuß auf Bundesebene 127
VOB-Stelle 127
VOL 52, 55
vollenden 445
Vollendung 445
Vorbereitung der Leistungsverzeichnisse 300
Vorentwurf 234
Vorschriften, nach wettbewerbsrechtlichen 181
~ öffentlicher Auftraggeber 64
~ technische 93
VUBI 164

Wagnis 373, 375
Wagniszuschlag 373

Weißbuch (der Regierung) 80
~ von 1982 79
Weitervergabe 197
Werklieferungsvertrag 214
Werkstätten für Behinderte 62
Werktag 35
Werkvertrag 213
Wert der fertiggestellten Arbeiten 463
Wertung der Angebote 390
Wettbewerb 186
~, außer 187
~, für etwas einen ~ ausschreiben 187
~, mit jemandem im ~ stehen 187
~, unlauterer 187
Wettbewerber 186
Wettbewerbsbeschränkung 187
Wettbewerbsfähigkeit 187
Wettbewerbsgesetz von 1980 74
Wettbewerbsnachteil 187
Wettbewerbspreis 187
Wettbewerbsregeln 187
Wettbewerbsverfälschung 187
Wettbewerbsverzerrung 187
Wiederkehrschuldverhältnis 208
Wirtschaftlichkeit 175, 176
~ und Sparsamkeit 177
Wirtschaftsverband 151
Wohnungsmieten- und Subventionsgesetz von 1975 69

Zahlung nach Herstellungsfortschritt bei Lieferverträgen 463
~ während der Herstellung 463
Zahlungen für gebilligte Lieferungen 359

Zahlungsbedingungen 462
Zahlungsunfähigkeit 471
Zahlungsverzug 470
Zahlungsweise 461
ZDB 158
ZDH 159
Zeitraum, innerhalb dessen die Bieter an ihre Angebote gebunden sind 281
~ vertraglich festgelegter 493
Zeitvertrag 284
Zentralbehörde für Energieerzeugung 143
Zentrale Beschaffungsstelle 121
Zentralverband des Deutschen Baugewerbes 158
~ des Deutschen Handwerks 159
ZTV 95
Zulieferer 320
Zusammenschluß, wettbewerbsbeschränkender 187
~ zu Preisabsprachen 182
Zusätzliche Technische Vorschriften für Bauleistungen 95
~ Vertragsbedingungen 57
Zuschlag 399
Zuschläge, getrennte prozentuale 351
Zuschlagsempfänger 399
Zuschlagsfrist 281, 400
Zuschlagskriterien 391
Zuschlagsschreiben 401
zuverlässig 384
Zuverlässigkeit 384
Zweck der fertigen Leistung 294
~, einem öffentlichen ~ dienen 24
Zweistufige Beschränkte Ausschreibung 266

Alphabetical Index

(The numbers following the words in the index refer to the numerically arranged list of words.)

ACE 168
ACEG 163
ability to produce the article in quantity 251
accept, to 449
acceptance 450
∼, deemed 451, 455
∼, formal 451, 455
∼ of a part of the works which is complete in itself 454
∼ of a tender 396, 399
∼, partial 454
∼ place 417
∼ point 417
∼ test 440
account 472
∼, final 472
accountability, public 10
accountancy 11
accounting (system) 11
Additional Conditions of Contract 57
∼ Contract Terms 57
∼ Stipulations 57
∼ Technical Regulations for Construction Works 95
Administrative Law 18
advertisement in the Official Journal of the EC 270
advisor, professional ∼ on quantities of materials and labour 300
Advisory Committee for Public Contracts 124
agreement, (formal) ∼ signed under hand by both parties to the contract 403

∼ in restraint of competition 187
Agreement on Government Procurement of 30 June 1979 in conjunction with the Council Decision of 10 December 1979 resulting from the 1973 to 1979 trade negotiations 45
allocating office 5
allocation of risk 474
allotment of contracts 204
∼ of supplies 204
announcement, official 269
applicant 306, 307
∼, preferred 322
application for inclusion in the list of tenderers 278
∼ to participate 278
approval of the supplies or works 450
Approved Lists 317
Arbitration Act 1950 76
Architect 246
area, designated 323
articles, proprietary 219
ascertainment of requirement 16
aspects, technical, economic, design and functional 294
assessment of the tenders 390
∼ of the value of work executed 460
Association of Consulting Engineers 168
∼ of Consulting Engineers of Germany 163
∼ of German Architects 161

∼ of German Chambers of Industry and Commerce 153
∼ of Independent Architects of Germany 162
attendance, incidental 375
Audit Office 105
authorities, public 25
authority awarding contracts 7, 8
∼, local ∼ budget codes 49
award of a construction contract 223
∼ of a contract 399
∼ of building work 221
∼ of construction work 221
∼ of contracts 204
∼ of contracts for a public works project 192
∼ of contracts on a craft basis 192
∼ of contracts on a trade basis 192
∼ of public contracts, 4, 62, 63
∼ of supplies 204
awarding 1
∼ of a construction contract 223
∼ procedure 255

BEAMA 171
bank guarantee 480
batch 191
batches, to divide into 191
bearing of risk in the event of force majeure 477
bid 329

175

bidder 308
~ with the most favourable tender 308
bill of approximate quantities 299
~ of quantities 295
Black List 319
bodies, non-department public 24
~ which administer production, distribution and transmission or transport services for water and energy 28
bond 480
breach of contract 495
British Electrical and Allied Machinery Association 171
budget (funds) 12
~ funds, to allocate 12
~ funds, to appropriate 12
Budgetary Principles Act 46
Building and Civil Engineering Sub-committee of the Procurement Policy Committee 137
building components 237
~ contract 225
~ cost(s) 238
~ design 236
~ material 239
~ project 236
~ work(s) 220, 230
build-up of price 362
bulk order 194

CBI 165
CPU 121
calendar days 35
carrier 29
carrying out 430
~ out of the contract 430
~ out of the services 430
~ out of works 430

CEI standards 103
ceiling price 356b
CEN standards 101
CENELEC standards 102
Central Association of the German Retail Trade 154
~ Electricity Generating Board 143
~ Government Departments of the United Kingdom 114
~ Purchasing Unit 121
certificate of acceptance 453
~ of practical completion 452, 453
Certificate of Substantial Completion 453
Chairmen's Group of the Nationalized Industries 144
Chamber of Architects 130
~ of Commerce 132
change in price 302
changes in the rates of wages or prices of materials 303
charges 364
checking of contractor's accounts 300
~ of tenders 382
cleaning of the site 428
clerk of works 244
Code for Awarding Public Services Contracts – excluding Public Works Contracts 52
~ for Awarding Public Works Contracts 53
combination in restraint of competition 187
combine 182
commencement of the works 413
Commission Directive of 17 December of 1969 on the supply of goods to the State, its regional authorities and other corporate bodies governed by public law 39
Committee of Asscociations of Specialist Engineering Contractors 167
commodities quoted on a commodity exchange 218
company 312
~ building and selling completed residential properties 315
~, small or medium-sized 312
competent 386
~ to carry out particular works or services 317
competing, not 187
competition 186
Competition Act 1980 74
competition, to be in ~ with somebody 187
~, to invite ~ for something 187
~, unfair 187
competitiveness 187
competitor 186
complete, to 445
completion 445
~ bonus, early 468
Completion Certificate 440, 453
completion date 59, 410
~ of installation 440
~ of the contract works, satisfactory 453
~ of the services 410, 444
~ of the works 410, 444, 455, 493
concession 27
~ agreement 27
conclusion of a contract 402
conditions, acutal operational 440

176

~ contained in a contract 201
~ of a contract 54
~ of a contracting authority for steadily occurring performances 57
~ of tendering 282
conduct, anti-competitive 187
~, unfair 180
Confederation of British Industry 165
connection points for water, gas and electricity 424
consequences, legal ~ of late performance 496
consortium 309
construction components 237
~ contract 225
~ cost(s) 238
~ design 236
~ drawings 406
~ industry 37
~ material 239
~ programme 408
~ project 236
~ resources 240
~ site 421
~, turn-key ~ of a building for a lump sum price 226
~ work(s) 220, 222
contingency sum 373
contract 199, 207
~ advisory centre 128
~ award 399
~ awarding 1
~ awarding authority 5, 110
~ awarding party 8
~ awarding procedure 255
~ documents 288
~ executed under seal 403
~ for delivery by installments 209
~ for services under VOL 55

~ for the application study of new ideas 249
~ for the supply of quantities of equipment 210
~ for work 213
~ for work and materials 214
~, in conjunction with an existing 439
~, negotiated 267, 279
~ of sale 212
~ period 410
~ price 353, 366, 397 467
~ price adjustment clause 303
~, public 6
~ rates and prices, based upon 460
~ sum 397, 467
~ under which a contractor is paid all his costs 348
~ with a third party for the supply of items, or performances of services 195
contracting authority 7, 8, 421, 453
~ party 200
contractor 9, 306, 311, 422, 453, 493
~, leading ~ in a joint venture 310
~, main 311, 375
contractor's duty of care for his employees 36
~ senior representative 432
contracts under hand 286
~ under seal 285
control, to ~ the execution of the work 432
Co-ordinating Directives of the EEC 256, 257, 262, 263
Co-ordination Directive on Public Supply Contracts 40

~ Directive on Public Works Contracts 42
corporation under public law 22
cost estimate 235
~ of labour and materials, actual 351
~ of materials 375
~ of wages 367
~ of work 375
~ plus contract 348
~ plus fixed fee contract 349
~ price 356a
~ -reimbursable contract 345, 347
cost(s) of construction 238
costs 364
~, additional 436
Council Decision of 26 July/21 December 1976 setting up an Advisory Committee for Public Works Contracts 43
~ Decision on the awarding of concessions 44
~ Directive of 21 December 1976 co-ordinating procedures for the award of public supply contracts 40
~ Directive of 26 July 1971 concerning the abolition of restrictions on freedom to provide services in respect of public works contracts and on the award of public works contracts to contractors acting through agencies or branches 41
~ Directive of 26 July 1971 concerning the co-ordination of procedures for the award of public works contracts 42

177

Court of Audit 105
covering letter 330
craft 38
craftsman 38
criteria for the award (of a contract) 391
customary in the trade 217

DOE 116
damages (for breach of contract) 507
~, liquidated 508
date, due 465
~ fixed for delivery 416
~ of practical completion 448
~ set for opening of tenders 334
daywork contract 351
decision not to award a contract 405
Declaration by the representatives of the governments of the Member States meeting in the Council, concerning procedures to be followed in the field of public works concessions 44
decree 19
deed 403
default in payment 470
~ in performance 494
defect 485, 493
~, fraudulently concealed 486
~, latent 489
~, major 488
~, minor 487
~, to fraudulently conceal a 486
defects liability period 493
delay in the execution of the works 497
deliver, to 414
delivery 414, 415

~ date 411, 416
~ period 411
demolition works 231
Department of the Environment 116
~ of Trade and Industry 119
description of the building project 294
~ of the supplies or services 293
~, precise ~ of the equipment required under the contract 292
design preparation 294
designation, usual 193
details of the notification 277
determination of requirement 16
determine (a contract), to 501
Development Area 323
development contract 250
Development Corporation 134
differences (of opinion) 504, 505
directive 20
directives for the award of public contracts 61
Directives on the preferential treatment of particular groups of persons and firms in respect of public contracts 62
~ on the preferential treatment of persons and firms operating in the border areas and Berlin (West) in respect of the award of public contracts 63
disadvantage, competitive 187
disagreements 505
discount 340
~ for early payment 469
disputes 504

distortion of competition 187
documents 287
~ relating to execution 407
due 466

EDC's 133
EIC 156
Economic Development Committees 133
effectiveness, efficiency and economy 177
efficiency 385
~, economic 175
~, operational 175
Efficiency Programme, 1983 77
efficient 385
element of a contract 290
elements of the price 363
employee 36
Employer 8
Engineer 245
engineering and construction resources 240
~ and manufacturing resources 240
~, civil ~ works 227
~ study contract 247
~ works 240
enquiry documents 289
~ for potential tenderers 268
equality of treatment 178
erection point 423
estimate of overheads 359
~ of prime costs and accountancy 359
~ of quantities 298
~ of requirements 17
estimates of cost 300
Euronorms 99
European Coal and Steel Community 99
~ Committee for Co-ordination of Standards 101

~ Committee for Electrotechnical standardization 102
~ International Contractors 156
evaluation of the tenders 390
examination of tenders 382
excavations 229
exclusion 389
~ from participation in the competition 327
~ from the list of tenderers 327
~ of a tender 389
execution 430
~ (of the works) by a third party or by the contracting authority at the contractor's expense 492
expenditure 13
~, to authorize 13
~, to estimate the 13
~, to incur 13
expenses 13, 364
~, the general ~ of running the business 369
expert 242
~ opinion 443
extension of time 411, 502

FCEC 173
features, essential 293
Federal Budget Code 47
~ Bulletin of Invitations to Tender 274
~ Chamber of Architects 131
~ Court of Audit 106
~ Minister for Regional Planning, Building and Urban Development 107
~ Minister of Economics 109
~ Minister of Transport 108
~ VOB-Office 127

Federation of Building Specialist Contractors *174*
~ of Civil Engineering Contractors 173
~ of German Building Trades 158
~ of German Construction Industry 157
~ of German Craft Industries and Trades 159
~ of German Industries 152
~ of German Master Builders, Architects and Engineers 160
~ of German Wholesale and Foreign Trade 155
FIEC 156
firm 306, 312
~, excluded 306
~, small or medium-sized 312
follow-up order 198, 439
force majeure 476
foundation with legal personality governed by public law 23

General Conditions of Contract for Mechanical and Electrical Services and Plant, issued by the Property Services Agency 89
~ Conditions of Contract for the Execution of Construction Works 56
~ Conditions of Contract for the Performance of Services 55
~ Conditions of Government Contracts for Building and Civil Engineering Works 87
~ Contractor 313
~ Technical Specifications for Construction Works 94, 190

German Association of Independent Consulting Engineering Firms 164
~ Contracts Committee for Public Services – excluding Public Works 125
~ Contracts Committee for Public Works 126
~ Institute for Standardization 129
Government White Paper 80
guarantee 493
~, (contract of) 480
~ period 493
guarantor 479
guidelines for the award of public contracts 61

Handbook on Award of Federal Building Works Contracts 60
handing over 457
hire-purchase 215
Housing Rents and Subsidies Act 1975 69

ICE Conditions of Contract 90
~ Conditions of Contract Standing Joint Committee 150
IEC standards 103
impediment to the execution of the works 497
Implied Terms 72
inability to pay 471
insolvency 471
installation point 423
Institution of Civil Engineers 172
~ of Purchasing and Supply 148
Institution of Electrical Engineers 170

179

~ of Mechanical Engineers **169**
institution, public **24**
~ with legal personality governed by public law **24**
instruction, official **51**
~ to commence the work **412**
instructions given by the contracting authority **419**
~ to tenderers **282**
insurance **30**
interim account **472**
Intermediate Areas **324**
International Electrotechnical Commission **103**
~ Organization for Standardization **100**
interruption (of execution) of the works **498**
introduction of new industries **323**
invitation to tender **276, 277**
~ to tender, a particular **318**
~ to tender addressed to one tenderer only **279**
~ to tender, open **262**
~ to tender, public **262**
~ to tender, to issue an **275**
invoice **472**
~, final **472**
~ for a payment on account **472**
~, to **459**
invoicing **459, 472**
ISO standards **100**
item in the bill(s) of quantities **296**
item(s), provisional **297, 366**

JCT **139**
~ standard form, under the **246**

~ Standard Forms of Building Contract (Local Authorities Edition) with or without quantities for building works **88**
Joint Committee on Model Forms of General Conditions of Contract **149**
Joint Contracts Tribunal **139**
jurisdiction **509**

labour cost escalation clause **304**
Land Budget Codes **48**
~ Court of Audit **106**
law, public ~ entity **20**
lease-purchase agreement **215**
leasing **215**
letter of acceptance **401**
liability **503**
Liberalization Directive on Public Supply Contracts **39**
~ Directive on Public Works Contracts **41**
Limitation Act 1980 **67**
list, confidential **319**
~, ineligible **319**
~ of (competent) firms **317, 318**
~ of firms, ad hoc **318**
local **325**
Local Authorities **123**
~ Authorities' Asscociation **141**
~ Government Act 1972 **66**
~ Government, Planning and Land Act 1980 **65**
lot **191**
lump sum contract **202, 350**
~ sum price **355**
~ sum tender **398**

MOD **117**
M & E Services **228**
maintenance bond **482**
~ period **493**
~ work **232, 284**
make-up of price **362**
making of a prototype **249**
managing contractor **314**
manufacturer **251**
mark up/mark down method **283**
market analysis **184**
~ price **356**
material cost escalation clause **305**
maximum price **356b**
measurement **446**
~ and valuation of work executed **300**
meeting the requirements **15**
method in which prices are stated by the contracting authority **283**
~ in which tenderers accept the prices as the basis of their tenders or mark them up or down **283**
~ of payment **461**
methods of allotment **259**
~ of awarding contracts **259**
minimum period **33**
Minister for Small Firms **118**
Ministry of Defence **117**
misbehaviour **180**
Misrepresentation Act 1967 **73**
Model Form of General Conditions of Contract "A", Home Contracts – with Erection, published by the Institution of Electrical Engineers **85**
~ Standing Orders – Contracts – **84**

Monopolies and Mergers
   Commission 140

NEDO 120
NJCC 147
National Economic Deve-
   lopment Office 120
~ Federation of Building
   Employers 166
~ Joint Consultative
   Committee for Build-
   ing 147
Nationalized Industries 142
notice 269
~ in the Official Journal
   of the EC 270
~ of defects 490
~ of one's intention to
   award a contract, to
   publish a 271
~ of the intention to
   award a contract 273
~, public ~ requesting
   applications to participate in the competition
   280
notification 269
~ of completion 455
~ of defects 490
objective, to serve an ~ of
   public policy 24
obligation, recurring contractual 208
~ to treat equally 178
offer 329
~, main 341
~, most acceptable 393
Office for Official Publications of the Euro-
   pean Communities 104
opening date 334
~ of the tenders 335
order 207
~, a small 251
~, additional 439
~, good ~ on the site
   421, 422

~, supplementary 439
organization, direct labour
   ~ of a local authority
   253
~, industrial 151
outline contract for a specified period 284
overheads 369

PPI 78
PSA 89, 122
package 191
panel of persons author-
   ized to open and sum-
   marize tenders 337
part 191
participants 307
participate, to ~ in a competition 185
participation in competi-
   tion 185
parts, to divide into 191
party to the contract 200
passing of risk 475
payment, due 466
~ during the progress of
   manufacture 463
~ for components
   fabricated off-site, especially for the works
   473
~ for materials and com-
   ponents delivered to
   the site 473
~ of percentages or parts
   of the contract price
   when specified stages
   of completion have
   been reached 473
~ on account 473
payments for approved de-
   liveries 359
P.C. Sum 375
penalty, contractual 506
percentage additions, separate 351

~ of the costs as profit
   348
~ of the productive
   labour costs 369
performance 430
~ bond 484
~, late 496
~ specification 293
~ test 440
period, contractual 410
~ defined in the contract
   493
~ during which tenderers
   are bound to keep
   their tenders open 281
~ for award of contract
   281
~ for completion 409
~ of delivery 411
~ of notice 502
~ of time, additional 411
person, legal ~ under
   private law 26
~, legal ~ under public
   law 21
~ nominated to order and
   supervise the works
   245, 246
place of delivery 59, 418
~ of erection 423
~ of installation 423
~ of jurisdiction 509
planning of the building
   work 233
~ of the construction
   work 233
portion 191
practice(s), anti-competitive
   187
precepts for budgeting and
   accounting 12
~ of budgetary law 12
preparation of bills of
   quantities 300
price 352
~, agreed 357
~ audit 381
~ breakdown 362

181

~ build-up 362
~ calculation 363
~, competitive 187, 356
~ control board 376
~ control office 376
~, current 356
~ escalation clause 303
~, firm 358, 398
~, fixed 357, 398
~ fixing between tenders 181
~ investigation 381
Price Law 377
price make-up 362
  ~ negotiations (between the contracting authority and tenderers) 183
  ~ per unit 354
  ~, provisional 359
  ~ regulations 376, 377
  ~ rigging between tenderers 181
  ~, temporary 359
  ~ variation 302
pricing basis 211
  ~ regulations for public supplies and services contracts 379
  ~ regulations for public works contracts 378
prime cost 365
  ~ cost of industrial labour and materials 369
Prime Cost Sum 375
principle essential for public sector contracting 177
principles, fundamental ~ relating to award of contracts 188
~, fundamental ~ relating to invitations to tender 261
~ of price determination based on cost 380
procedure 254
~, accelerated 258
~, formal 260

~, open 256
~, open ~ of the Coordinating Directives of the EEC 262
~, restricted 257
~, restrictive ~ of the Coordinating Directives of the EEC 263
procurement 1, 2, 3
~ office 111
Procurement Policy Committee 136
product 216
production contract 210
~ contract, subsequent 249
profit 348, 374, 375
Profit Formula 346
progress payment 463, 473
prohibition of discrimination 179
project, preliminary 234
property developer 315
Property Services Agency 122
proposal for amendment 341
~ for modification 341
prospectus 294
provision of building materials by the contracting authority 420
provision of security 478
provisions, contractual 201
~, different ~ in standard forms of contract 450
Public Accounts Committee (of the House of Commons) 113
~ contract 6
~ contracting authority 7
~ Corporation 22
~ Procurement 1, 2
~ Purchasing Guidelines 82
~ Purchasing Inititative 78
~ Purchasing Procedures 2

~ sector 25, 28
publication 269
Purchaser 8
purchasing 3
purpose of the finished word 294

Q.S. 300
qualification, professional 386
Quality Inspection Service 442
quality test(ing) 441
Quality Testing Service 442
quangos 24
quantity 433
~, additional 433
~ data 294
~, reduced 433
Quantity Surveyor 300
quotation for variations to the contract works 438

R & D 249
RIBA 145
reduction in costs 437
~ in quantity of works, services or supplies 435
refugees 62
refusal to accept the works 458
Register of Companies 387
register, professional 387
~, relevant official 387
regulations of contracting authorities 64
~ on prices 376
~, technical 93
rejection of the works 458
reliability 384
reliable 384
remeasurement contract 343
report "Government Contract and Procurement Procedures" 81

182

requirement 14
requirements of particular categories of services 58
research and development contract 249
~ contract 248
reservation as to the price 361
resident 325
~ engineer 244
restraint of competition 187
Restrictive Trade Practices Act (1956–1976) 50, 75
~ Trade Practices legislation, under 181
retention money 464
Review Board (for government contracts) 135
rights and obligations of the contracting authority and the contractor 55, 56
ring 182
risk 373
~ of the contractor 372
Royal Institute of British Architects 145
~ Institute of Chartered Surveyors 146
rules of competition 187
~ of technology, generally recognized 97
~, technical 93
running contract 207, 211
~ costs, general 370

safeguarding of tenders 342
Sale of Goods Act 1979 70
samples 301
schedule of rates contract 344
scope of the services, supplies or works 189
Scottish Building Contracts Committee 138

sector, public 25, 28
~, public ~ entity 25
security by a bank guarantee 478
~ by deposit of money 478
~ by retention of money 478
~ by transfer of ownership 478
~ for performance of a contract 483
~ of tenders 342
segregation of a price into components 362
Select Committee (of Parliament) 112
~ Lists 317
serivce 203
~, to offer a 203
~, to perform a 203
services, ancillary 190
~, mechanical and electrical 228
~, subsidiary 190
Sheltered workshops for handicapped people 326
site 421
~ agent 432
~ installation 427
~ installation costs 371
~ safety 426
~ supervision 424
skilful 386
Small and Medium-sized Firms Directives 64
Special Conditions of Contract 59
~ Preference Scheme 83
specialist sub-contractor 375
specification 292
~, functional 294
~, functional ~ of the supplies or services 293
specifications, technical 291
specimen schedule 294

stage payments 473
Standard Condition No. 48 – Availability of Information 91
~ Condition No. 43 – Price Fixing 92
~ Conditions of Government Contracts for Stores Purchases 86
standard contract 199
~ form of factual enquiry 388
~ forms of contract 8, 366, 450, 453, 455, 493
Standard Method of Measurement for Civil Engineering Works 447
standard of the German Institute for Standardization 129
standards 96–103
~ for steel 99
~, international 98
~, national 98
~ of performance 292
Standards, Quality and International Competitiveness 79
standards, technical 96
Standing List 316
stipulations contained in a contract 201
~ for the execution of individual contracts 59
~ of a contract 54
sub-contract 195, 207
~, nominated 196
sub-contractor 311, 321, 375
sub-letting 197
submission of accounts 472
sub-supplier 320
suitability of applicant 383
~ of tenderer 383
sum 366
~ included in the main contract 375
~, provisional 366

183

summary of tenders 338
superintend, to ~ work on site 244
Superintending Officer 243
supervising officer at tender opening 336
supervision of the works 431
Supplementary Conditions of Contract 58
supplier 9, 311, 375
supply 414, 415
~ contract 206, 398
~ contract, public 205
Supply of Goods Act 1973 72
~ of Goods and Services Act 1982 71
supply, to 414
surety 479
suspension of the works 499

take part, to ~ ~ in a competition 187
Taking-over Certificate 440, 453
taking over of the works 493
~ over the supplies or works 450
target cost 360
~ price 360
technology, industrial 240
tender 329
~, alternative 341
~ assessment 390
~ documents 289
~ evaluation 390
~, lowest 394
~ most acceptable 393
~ most economic 392
~, not to be invited to 319
~ offering best value for money 392
~ opening 335

~ opening panel 337
~ opening record 338
~ price 339
~, single ~ action 279
~, to 332
~, to accept a 395
~, to submit a 332
~, unsuccessful 404
~ validity period 281, 400
~ with unit prices 329
~ with unit rates 329
tenderer 306, 307, 308
~, preferred 322
~, selected 308
~, successful 399
~ with the most favourable tender 308
tendering conditions 282
~ costs 333
~, open 262
~ period 331
~ procedure 255, 328
~ procedure, open 256
~ procedure, selective 257
~ procedure with prepriced schedules 283
~, selective 264
~, selective ~ with public invitation to participate in the competition 263
~, single stage selective 265
~, two-stage selective 266
tenders, joint 308
~, late 338
~, to invite 275
~, to invite ~ for something 187
~, to submit alternative 341
term contract 211, 284
~, usual 193
terminate (a contract), to 501
termination of the contract 500
terms contained in a contract 201

~ of a contract 54
~ of payment 462
test on completion 440
testing of plant 440
threshold for the publication of public contracts in the Official Journal of the EC 272
time for delivery 411
~ limit 32
~ limit, contractual 410
~ limit for receipt of tenders 331
~ limitation, having no 480
~ specified by a contract 410
~ work 241
trade 38
~ contract(s) 192
~ organization 151
~ package(s) 192
~ register 387
tradesman 38
transfer of ownership and declaration of freedom from third party liens 481
transport firm 29
Treasury 115
treatment, equal 178
~ of small and medium-sized firms when awarding public contracts, privileged 64
trial order 251
trustworthiness 384
trustworthy 384

unemployment 323
Unfair Contract Terms Act 1977 68
unit price 354
urgency 34
use, to 456
~, to take into 456
utilities in the public sector 28

~, public 28
utility (undertaking) 28
utilization of storage and working areas, access routes, siding, connections for water and energy 429

VAT 31
valuation 460
value for money 176
~ of work completed 463
~ -added tax 31
variation of costs clause 303
~ of price clause 303

venture, joint 309
venue (of jurisdiction) 509
VOB-Office 127

wage and salary costs, ancillary 368
~ costs 367
warranty 493
~ period 493
White Paper, 1982 79
work carried out by a public authority using its own resources 252
~ on site, to carry out on demand 284
~ or supplies, additional 297

~, remedial 491
~, to undertake all the ~ involved in a construction project 313
working day 35
workplace 422
works 222
~, additional ~, services or supplies 434
~, ancillary 190
~ contract, public 224
~, subsidiary 190
workshop 38
workshops for disabled persons 62
~ for the blind 62

185